RÉNYI PICTURE DICTIONARY

WEST ARMENIAN AND ENGLISH

ÉDITIONS RÉNYI INC.
355 Adelaide Street West, Suite 400, Toronto, Ontario Canada M5V 1S2

The Rényi Armenian Picture Dictionary

Copyright © 1990, 1991, Éditions Rényi Inc.

Illustrated by Kathryn Adams, Pat Gangnon, Colin Gilles, David Shaw and Yvonne Zan. Cover illustration by Colin Gilles. Designed by David Shaw and Associates.

Typesetting by Kwik-Kopy, St-Laurent, Quebec.

Color separations by New Concept Limited.

Printed in Singapore by Khai Wah Litho Pte Limited.

All rights reserved. No part of this publication may be reproduced or transmitted in any form, by any means, including photocopying, recording, or information storage, without permission in writing from the Publisher. It is illegal to reproduce this publication.

In this dictionary, as in reference work in general, no mention is made of patents, trademark rights, or other proprietary rights which may attach to certain words or entries. The absence of such mention, however, in no way implies that words or entries in question are exempt from such rights.

Armenian translation by Chaké Minassian, Harouteun Berberian, Zabelle Sarkis.

The Rényi Armenian Picture Dictionary   ISBN 0-921606-12-5

INTRODUCTION

Some of Canada's best illustrators have contributed to The Rényi Armenian Picture Dictionary, which has been carefully designed to combine words and pictures into a pleasurable learning experience.

Its unusually large number of terms (3336) makes The Rényi Armenian Picture Dictionary a flexible teaching tool. It is excellent for helping young children acquire language and dictionary skills in English or in West Armenian. Because the vocabulary it encompasses is so broad, this dictionary can also be used to teach older children and adults as well. Further, the alphabetical Armenian index included lets Armenian speakers quickly locate the English words. Thus it is also an effective tool for teaching English as a second language.

THE VOCABULARY

The decision on which words to include and which to leave out was made in relation to three standards. First, a word-frequency analysis was carried out to include the most common words. Then a thematic clustering analysis was done to make sure that words in common themes (animals, plants, activities etc.) were included. Finally, the vocabulary was expanded to include words which children would likely hear, ask about and use. This makes this dictionary's vocabulary more honest than most. 'To choke', 'greedy', 'to smoke' are included, but approval is withheld.

This process was further complicated by the decision to *systematically* illustrate the meanings. Although the degree of abstraction was kept reasonably low, it was considered necessary to include terms such as 'to expect' and 'to forgive', which are virtually impossible to illustrate. Instead of dropping these terms, we decided to provide explanatory sentences that create a context.

The Armenian words and phrases in this dictionary are classical *West* Armenian. Although East Armenians can read and understand the words in this book, East Armenian sentence structure and syntax is different. This difference will not appear in single words, but will appear in phrases. East Armenians can, however, use this book to learn English.

USING THIS DICTIONARY

Used at home, this dictionary is an enjoyable book for children to explore alone or with their parents. The pictures excite the imagination of younger children and entice them to ask questions. Older children in televisual cultures often look to visual imagery as an aid to meaning. The pictures help them make the transition from the graphic to the written. Even young adults will find the book useful, because the illustrations, while amusing, are not childish.

The alphabetical Armenian index at the end of this book lists every term with the number of its corresponding illustration. Teachers can use this feature to expand children's numeracy skills by asking them to match an index number with the illustration. The dictionary as a whole provides an occasion to introduce students to basic dictionary skills. This work is compatible with school reading materials in current use, and can serve as a 'user-friendly' reference tool.

Great care has been taken to ensure that any contextual statements made are factual, have some educational value and are compatible with statements made elsewhere in the book. Lastly, from a strictly pedagogical viewpoint, the little girl featured in the book has not been made into a paragon of virtue; young users will readily identify with her imperfections.

TO MY NEW FRIENDS

My name is Ani. I am a little girl. I go to school. I am learning to swim, and I have a little brother. If you want to meet my father, the admiral, look at the page on the right. You will see him at the bottom of the page. My mother is on the next page, at the top. If you want to see me, look up the word 'calm'.

Some people think dictionaries are dull. I guess they have not seen this one, which is all about me and the people I know, and about many, many ideas.

Five grown-up artists had a lot of fun drawing the pictures. I also drew a picture (the zebra). Can you find it?

I must go now. Look for me in the dictionary.

P.S. If you want to write to me about our dictionary, ask your parents or your teacher to give you my address.

հաշուետախտակ

1 abacus

Մասին, մօտաւորապէս, շուրջ

Այդ **մասին** պատմէ:
Մօտաւորապէս մէկ ժամ կը տեւէ:

Tell me about it.
It takes about an hour.

2 about

Խնձորը գլխուն **վերեւն** է:

3 above

Արան բացակայ է:

4 absent

ինքնաշարժին **արագացուցիչը**

5 accelerator

առոգանութիւն, շեշտ

Շանթը հայկական **շեշտով** կը խօսի:
Շեշտը դիր առաջին վանկին վրայ:

Shant speaks with an Armenian accent.
Put the accent on the first syllable.

6 accent

արկած

7 accident

ձեռնադաշնակ

8 accordion

Անոնք **կ'ամբաստանեն** Անահիտը:

9 to accuse

թղթախաղին **մէկնոցը**

10 ace

Գլուխս **կը ցաւի:**

11 My head aches.

Թթուն կ'այրէ մորթը:

12 acid

վայրի կաղին, խոզկաղին

13 acorn

լարախաղաց

14 acrobat

դիմացի կողմը

Հայկ կ'ապրի փողոցի **դիմացի կողմը:**
Ան երէկ նախկին ընկերոջ մը **հանդիպեցաւ:**

Haig lives across the street.
He ran across an old friend yesterday.

15 across

գումարել

16 to add

Ասիկա Անիին **հասցէն** է:

17 address

Ծովակալ

18 admiral

Կը պաշտեմ քեզ:

19 to adore

Ան **չափահաս** է:

20 adult

Թագաւորդ **առաջացո՛ւր:**

21 to **advance**

առաւելութիւն

22 advantage

արկածախնդրութիւն

23 adventure

Ան **կը վախնայ:**

24 He is **afraid.**

Ափրիկէն ցամաքամաս մըն է:

25 Africa

ետք, յետոյ, հետեւիլ

Ընթրիքէն **ետք** կրնաս խաղալ:
Գնդակին հետեւէ՛:

You can play after dinner.
Go after the ball.

26 after

կէսօրէ ետք

27 afternoon

նորէն, դարձեալ

Սարօ, **նորէն** նուագէ:
Դարձեալ՝ տարբեր բան կրնաս նուագել:

Play it again, Saro.
Then again, you could play something different.

28 again

Կը շփուի ոտքերուն:

29 to rub **against**

Տարիքի ի՜նչ տարբերութիւն

30 age

Ճկուն անձ մը

31 **agile** person

խրիլ, աւազախրիլ

32 aground

առջեւ, կանխաւ, նախապէս

Անոյշը Սուրէնին **առջեւը** կը նստի:
Կանխաւ ծրագրէ յաջորդ արձակուրդդ:

Anoush sits ahead of Souren.
Plan ahead for your next holiday.

33 ahead

օգնութեան հասնիլ

34 to provide **aid**

Ճիշդ **նշան կ'առնէ՞:**

35 to **aim**

Թռուցիկը **օդին** մէջն է:

36 air

օդով լեցուած անկողին

37 air mattress

Միջատը **օդախիցին** տակ

38 airtight

օդանաւ, սաւառնակ

39 airplane/aeroplane*

օդակայան

40 airport

Նրբանցքէն քալէ՛:

41 aisle

զարթուցիչ ժամացոյց

42 alarm clock

նկարատետր, նկարի ալպոմ

43 album

Տունը **կը վառի**:

44 alight

Ձուկը **ողջ** է:

45 alive

Բոլորը կ'ուզեմ:

46 I want them **all.**

նեղ փողոց

47 alley

կոկորդիլոս

48 alligator

նուշ

49 almond

Չալօն **գրեթէ** հասաւ ոսկորին:

50 almost

Ինչու՞ **առանձին** նստած է:

51 alone

Ինծի **հետ** եկուր:

52 along

բարձրաձայն

53 aloud

այբուբեն

Ա Բ Գ Դ Ե Զ Է Ը Թ
Ժ Ի Լ Խ Ծ Կ Հ Ձ Ղ
Ճ Մ Յ Ն Շ Ո Չ Պ Ջ
Ռ Ս Վ Տ Ր Ց Ւ Փ Ք
Օ Ֆ

54 alphabet

Արդէն իսկ պէտք է երթա՞մ:

55 Do I have to go **already?**

Կը ցաւի բայց **լաւ եմ**:

56 I am **alright.**

Ես **ալ** քիչ մը կ'ուզեմ:

57 I **also** want some.

պաղլեղէ աստիճան

58 aluminum/aluminium* ladder

Միշտ կ'իյնամ:

59 I **always** fall down.

հիւանդակառք

60 **ambulance**

գայլը ոչխարներու **մէջ**

61 wolf **among** sheep

խարիսխ

62 **anchor**

հին, հնամենի

63 **ancient**

անկիւն

64 **angle**

բարկացած, զայրացած է:

65 He is **angry.**

անասուններ, կենդանիներ

66 **animals**

գարշապար, կոճ

67 **ankle**

յայտարարել

68 to **announce**

ուրիշ սանտուիչ մը

69 **another** sandwich

պատասխանն է...

70 The **answer** is...

մրջիւն

71 **ant**

Հարաւային բեւեռ,
Հակարջային

72 **Antarctic**

այծքաղ

73 **antelope**

եղջիւրներ

74 **antlers**

Բնաւ դրամ չունիմ:

75 I do not have **any** money.

Որեւէ բան կ'ուտէ:

76 It eats **anything.**

Ոչ մէկ տեղ կրնայ երթալ:

77 He cannot go **anywhere.**

ողկոյզէն **անջատ** հատիկ մը

78 **apart**

կապիկ

79 **ape**

մեղուանոց

80 apiary

ներողութիւն խնդրել

Ներողութիւն խնդրել կը նշանակէ ըսել թէ կը ցաւիս պատահածին համար:
Ուշանալուս համար
ներողութիւն կը խնդրեմ:

To apologize means to say you are sorry.
I apologize for being late!

81 to apologize/apologise*

երեւիլ, թուիլ

Թագուհին **երեւցաւ** հեռատեսիլէն:
Կ'երեւի թէ կը ձիւնէ:

The Queen appeared on television.
It appears to be snowing.

82 to appear

ծափահարել

83 to applaud

խնձոր

84 apple

խնձորի կորիզ

85 apple core

մօտենալ

86 to approach

ծիրան

87 apricot

Ապրիլին կ'անձրեւէ:

88 April

գոգնոց

89 apron

ձկնաւազան

90 aquarium

կամար

91 arch

ճարտարապետ

92 architect

Հիւսիսային բեւեռ, Արջային

93 Arctic

վիճաբանիլ

94 to argue

բազուկ, թեւ

95 arm

բազկաթոռ

96 armchair

ասպետի **զրահ**

97 armor/armour*

անութ

98 armpit

շուրջը, շրջանը

Աշխարհի **շրջանը** ութսուն օրուան մէջ
Մեր **շուրջը** լիճ է:

Around the world in eighty days
The lake is all around us.

99 around

ծաղիկները **յարդարել**

100 to **arrange** flowers

Ոստիկանը **կը ձերբակալէ** գողը:

101 to **arrest**

հասնիլ

102 to **arrive**

նետ

103 **arrow**

կանկառ

104 **artichoke**

արուեստագէտ

105 **artist**

պէս, ինչպէս

Պատկերի մը **պէս** գեղեցիկ:
Ինչպէս որ կ'ուզես:

As pretty as a picture.
As you like it.

106 **as**

մոխիր

107 **ash**

մոխրաման

108 **ashtray**

Ասիան ցամաքամաս մըն է:

109 **Asia**

հարցնել, հայցել

110 to **ask** for directions

Երկուքով **քնացած** են:

111 **asleep**

ծնեբեկ

112 **asparagus**

ասփիրին՝ գլխացաւի համար

113 **aspirin**

զարմացնել, ապշեցնել

114 to **astonish**

աստղանաւորդ

115 **astronaut**

աստղաբաշխ

116 **astronomer**

Նկարին կը նային:
Անմիջապէս անկողին մտիր:

They are looking **at** the picture.
Go to bed **at** once.

117 **at**

մարզիկ

118 **athlete**

ատլաս, աշխարհացոյց

119 **atlas**

երկրի **մթնոլորտը**

120 **atmosphere**

հիւլէ

121 **atom**

միացնել, զօդել

122 to **attach**

Ուշադրութիւն դարձո՛ւր:

123 Pay **attention!**

ձեղնայարկ

124 **attic**

ունկնդիր, հանդիսական

125 **audience**

Օգոստոս

126 **August**

Մօրաքոյրս՝ մօրս քոյրն է:

127 My **aunt** is my mother's sister.

Աւստրալիա

128 **Australia**

հեղինակ

129 **author**

ինքնագործ զարթեցուցիչ մը

130 **automatic**

Աշուն

131 **autumn**

թաւալող ձիւնակոյտ

132 **avalanche**

աւոգադօ

133 **avocado**

Ան տակաւին **արթուն** է:

134 **awake**

Կինը **մեկնած** է:

135 She is **away.**

անտանելի հոտ մը

136 an **awful** smell

տարօրինակ անձ մը

137 an **awkward** person

կացին

138 **axe**

առնակ, առանցք

139 **axle**

անուշիկ **մանուկ** մը

140 baby

մանուկի կառք

141 baby carriage/pram*

Կռնակս քերէ՛:

142 back

ապուխտով հաւկիթ

144 bacon and eggs

գէշ, որդնոտած խնձոր

145 bad apple

կրծքանշան

146 badge

ետ-ետ երթալ

143 to back up

պայուսակ, տոպրակ

147 bag

Խայծը մուկին համար է:

148 bait

փուռի մէջ եփել

149 to bake

հացագործ

150 baker

փուռ

151 bakery

լաւ **հաւասարակշռութիւն**

152 good balance

պատշգամ

153 balcony

Սահակը **ճաղատ** է:

154 bald

գնդակ

155 ball

պալերինա, պարուհի

156 ballerina

պալէ, դասական պար

157 ballet

փուչիկ

158 balloon

օդապարիկ

159 hot air **balloon**

պանան

160 **banana**

երիզ

161 **band**

նուագախումբ

162 musical **band**

վիրակապ

163 **bandage**

զարնել, հարուածել

164 to **bang**

Բազրիքէն կը սահի:

165 **banister**

Դրամատունը հաշիւ ունի՞ս:

166 **bank**

ձող

167 **bar**

ըմպելարան

168 **bar/pub***

փշաթել

169 **barbed wire**

Սափրիչը մազ կը կտրէ:

170 **barber**

բոպիկ ոտք մը

171 one **bare** foot

ձեռնտու գին

172 **bargain**

տափակ յատակով նաւ

173 **barge**

հաչել

174 to **bark**

Գարին հացահատիկ է:

176 **barley**

շտեմարան, գոմ

177 **barn**

Զինուորները կը բնակին **զօրանոցի** մէջ:

178 **barracks**

ծառի կեղեւ

175 **bark**

ձիթաիւղի **տակառ** մը

179 barrel

ատրճանակի փող

180 barrel

հերակալ

181 barrette/hair slide*

արգելաձող

182 barrier

սիւնին **խարիսխը**

183 base

խարսխագնդակի **թիրախ**

184 base

խարսխագնդակ

185 baseball

ներքնայարկ

186 basement/cellar*

ռեհան

187 basil

կողով

188 basket

կողովագնդակ

189 basketball

բիր

190 bats

Լոգանք կ'առնեմ:

192 I am having a **bath.**

բաղնիք

193 bathroom

լոգարան

194 bathtub

Չղջիկը կը թռչի գիշերով:

191 bat

ելեկտրական **բարդ** մը

195 battery

ծոց

196 bay

դափնիի տերեւներ

197 bay leaves

արեւելեան շուկայ

198 bazaar

ըլլալ

Կը խոստանա՞ս բարի **ըլլալ:**
Բարի **եմ:**

Do you promise to be good?
I am good.

199 to **be**

ՙ **ծովափ**

200 **beach**

ուլունք մը ուլունքաշարէս

201 **bead**

կտուց

202 **beak**

լուսախուրց մը

203 **beam** of light

լուբիա

204 **beans**

Արջը հեծանիւ կը քշէ:

205 **bear**

երկար **մօրուք** մը

206 **beard**

սարսափելի **գազան** մը

207 **beast**

զարնել, թմբկահարել

208 to **beat**

գեղեցիկ

209 **beautiful**

Ջրմուկը թումբ կը շինէ:

210 **beaver**

Կու լամ **ո՛րովհետեւ...**

211 I am crying **because...**

Թրթուրը **կը վերածուի** թիթեռնիկի:

212 to **become**

անկողին

213 **bed**

անկողնի լոյս

214 **bed lamp/reading light***

ննջասենեակ

215 **bedroom**

մեղու

216 **bee**

հաճարենի

217 **beech**

Մեղուն կ'ապրի **փեթակի** մէջ:

218 **beehive**

գարեջուր

219 beer

ճակնդեղ

220 beet/beetroot*

բզէզ

221 beetle

Ձեռքերդ լուա՛ ընթրիքէ **առաջ**:

222 Wash your hands **before** dinner.

մուրալ

223 to beg

սկսիլ

Սկսելու համար նախաճաշենք:
Մեր դաշնակի դասը **կը սկսի** ժամը տասին:

To begin with let's have breakfast!
Our piano lesson begins at nine o'clock.

224 to begin

Ալիսը **լաւ կը վարուի**:

225 to behave

Թալինը ծառին **ետեւ** է:

226 behind

ասրագոյն

227 beige

Կը հաւատամ վիշապներու:

228 I **believe** in dragons.

զանգ, զանգակ

229 bell

պորտ

230 belly button

Ան ինծի **կը պատկանի**:

231 He **belongs** to me.

Կատուն սեղանին **տակն** է:

232 below

գօտի

233 belt

նստարան

234 bench

դարձուածք

235 bend

ծռել

236 to bend

կլոր եւ տափակ **գլխարկ**

237 beret

Թամար կեցած է ծառին **քով**:

238 beside

կողքին, այսունհանդերձ, բացի

Այսունհանդերձ շատ շաքար պէտք չէ ուտես:
Besides, you should not eat so much sugar.

239 besides

լաւագոյնը

240 best

աւելի լաւ

Թալինը Սահակէն **աւելի լաւ** կը գրէ:
Սահակը ծոյլ է, **աւելի լաւ** կրնայ ընել:
Taleen writes better than Sahag.
Sahag is lazy, he can do better.

241 better

Ատոմ կը քալէ ժայռերու **միջեւ**:

242 between

կրծքկալ

243 bib

հեծանիւ

244 bicycle

մեծ

245 big

մեծ **հեծանիւ**

246 bike

դրամանիշ, թղթադրամ

247 bill/banknote*

ծանուցման տախտակ

248 billboard/hoarding*

Գնդամուղը խաղ մըն է:

249 billiards/snooker*

կապել

250 to bind/tie up*

հեռադիտակ

251 binoculars

թռչուն

252 bird

ծնունդ

Ազգի մը **ծնունդը**:
Կատուն **ծնունդ** տուաւ չորս ձագուկներու:
The birth of a nation
The cat gave birth to four little kittens.

253 birth

տարեդարձ

254 birthday

պաքսիմատ

255 biscuit

խածնել

256 to bite

Մեծ **պատառ** մը փրցուց:

257 bite

լեղի, դառն

Գարեջուրը **լեղի** համ մը ունի:
Անին **դառն** արցունք թափեց երբ կորսնցուց իր նախասիրած պուպրիկը:
Beer has a bitter taste.
Ani wept bitter tears when she lost her favorite doll.

258 bitter

սեւ

259 black

մոշի

260 blackberry

սարեակ

261 blackbird

գրատախտակ

262 blackboard

սեւ հաղարջ

263 blackcurrant

դարբին

264 blacksmith

սուր շեղբ

265 blade

մեղադրել

Հայրիկը **մեղադրեց** Անին, բայց ան յանցաւոր չէր: Հայրիկը Դաւիթը պէտք է **մեղադրէր:**

Dad blamed Ani, but she did not do it.
Dad should blame David.

266 to blame

պարապ թուղթ

267 blank page

ծածկոց

268 blanket

պայթիւն

269 blast

պայթեցնել

270 to blast

բոց

271 blaze

բաճկոնի տեսակ

272 blazer

լուացք **ճերմկցնող դեղ**

273 bleach

Քիթը **կ'արիւնի:**

274 to bleed

խառնող մեքենայ

275 blender

Կոյրը չի կրնար տեսնել:

276 blind

աչքը **թարթել**

277 to blink

ջուր լեցուած **բշտիկ**

278 blister

ձիւնամրրիկ

279 blizzard

Խորանարդներով կը խաղա՞ս:

280 block

տնաշար

281 block

Ոստիկանը **կը խափանէ** ճամբան:

282 to block

խարտեաշ, դեղձան մազ

283 blond/blonde*

Արիւն կը փոխներարկէ:

284 blood

ծաղկիլ

285 bloom

փթթիլ

286 to blossom

մելանի **արատ** մը

287 blot

կնոջական շապիկ

288 blouse

հարուած մը՝ գլխուն

289 a **blow** to the head

փչել

290 to **blow**

կապոյտ

291 blue

կապտամորի

292 blueberries

բութ, անփափկանկատ

Այս դանակը շատ **բութ** է լոլիկը կտրելու համար:
Ալիսը **անփափկանկատ** եղաւ անոր հետ:

This knife is too blunt to cut the tomato.
Alice was very blunt with him.

293 blunt

Նարէն շառունակ **կը շիկնի**:

294 to blush

վարազ

295 boar

տախտակ, հարթակ

296 board

պարծենալ, հպարտանալ

Կորիւնը կը սիրէ **պարծենալ**:
Gorune likes to boast.

297 to boast

նաւակ

298 boat

ծամակալ

299 bobby pin/hairgrip*

մարդկային **մարմինը**

300 body

եռացնել, խաշել

301 to boil

հաստ պտուտագամ, սողնակ

302 bolt

ոսկոր

303 bone

խարոյկ

304 bonfire

գիրք

305 book

գրադարակ

306 bookshelf

ոլրանետ

307 boomerang

մոյկ

308 boot

Սահման՝ երկու երկիրներու միջեւ

309 border

ծակել

310 to bore

ծնած

Ո՞ր տարին **ծնած** ես:
Ի ծնէ առաջնորդ է:

What year were you born?
She is a born leader.

312 born

փոխ առնել

Կրնա՞մ դրամ **փոխ առնել**:
Անի յաճախ **փոխ կ'առնէ** եղբօր հեծանիւը:

Can I borrow some money?
Ani often borrows her brother's bike.

313 to borrow

մեծաւոր

314 boss

ձանձրացնել

Անին մարդոց կրնայ չափազանց **ձանձրացնել**:
Արան զիս **կը ձանձրացնէ** իր շատախօսութեամբ:

Ani can bore people to death.
Ara bores me because he talks too much.

311 to bore

երկուքն ալ, ե՛ւ

Երկուքն ալ՝ Մեսրոպն ու Աշխէնը համակրելի են:
Ե՛ւ այսօր ե՛ւ վաղը:

Mesrob and Ashken are both cute.
Both today and tomorrow.

315 both

շիշ

316 bottle

շիշ բանալիք

317 bottle opener

յատակ

318 bottom

ապառաժ, ժայռաքար

319 boulder

ցատկել, վերացատկել

320 to bounce

ծաղկեփունջ

321 bouquet

Նետ եւ **աղեղ**

322 bow

թաս

324 bowl

Ի՞նչ կայ **տուփին** մէջ:

325 box

բռնցքամարտիկ, կռփամարտիկ

326 boxer

թիթեռնիկ-փողկապ

323 bow tie

տղայ

327 boy

կրծքակալ

328 bra

ապարանջան

329 bracelet

պարծենալ

Դալար **կը պարծենայ** իր նոր խաղալիքներով:
Հայրը իրեն կ'ըսէ որ **չպարծենայ**:

Talar brags about her new toys.
Her dad tells her not to brag.

330 to brag

ուղեղ

331 brain

Ինքնաշարժը **արգելակ** ունի:

332 brake

ընդոստ կենալ

333 to brake

ծառի մը **ճիւղը**

334 branch

քաջ

Ատամնաբոյժը կ'ըսէ որ դուն **քաջ** ես:

The dentist says that you are very brave.

335 brave

հաց

336 bread

կոտրել

337 to break

փուլ գալ, քայքայուիլ

338 to break down

գողնալ, բռնի ներս մտնել

339 to **break in**

նախաճաշ

340 **breakfast**

տհաճ **շունչ**

341 **breath**

շնչել

342 to **breathe**

կղմինտր, աղիւս

343 **brick**

Թամար **որմնադիր** է:

344 **bricklayer**

Հարսը ամչկոտ է:

345 **bride**

Նոյնպէս եւ՝ **փեսան:**

346 **bridegroom**

կամուրջ

347 **bridge**

ձիուն **սանձը**

348 **bridle**

գործի պայուսակ

349 **briefcase**

պայծառ արեւ

350 **bright** sun

Չալօն հողաթափս **կը բերէ:**

351 to **bring**

Անի **կը վերադարձնէ** գրադարանի գիրքերը:

352 to **bring back**

բխրուն, դիւրաբեկ ապակի

353 **brittle** glass

բրքուկ, բրոկոլի

354 **broccoli**

զարդասեղ

355 **brooch**

Վտակը փոքր գետ մըն է:

356 **brook**

աւել

357 **broom**

Եղբայրս կը սիրեմ:

358 I love my **brother.**

յօնք

359 brow

սրճագոյն

360 brown

Վաչէն պէտք է իր մազը **խոզանակէ:**

362 to brush

խոզանակ

363 brush

Կապտուկը կը ցաւի:

361 bruise

փոքր **կաղամբ**

366 brussels sprouts

ներկի վրձին

364 paint**brush**

ակռայի վրձին

365 tooth**brush**

պղպջակ

367 bubble

դոյլ

368 bucket

գօտիի **ճարմանդ**

369 belt **buckle**

բողբոջ, կոկոն

370 bud

տեսակ մը **գոմէշ** կամ **ցուլ**

371 buffalo

միջատ

372 bug

Զինուորը կը փչէ **շեփորը:**

373 bugle

շինել, կառուցանել

374 to **build**

ցուլ

375 bull

հողաբարձ

376 bulldozer

Փամփուշտը վտանգաւոր է:

377 bullet

ձեռքի շարժական **բարձրախօս**

378 bullhorn/megaphone*

կռուասէր, ամբարիշտ

379 bully

ուռեցք

380 bump

ինքնաշարժի պահպանակ

381 bumpers

ծնեբեկի **փունջ** մը

382 bunch

խուրձ, կապոց

383 bundle

խարսխանիշ

384 buoy

գող, աւազակ

385 burglar

այրել

386 to burn

Փուչիկը **կը պայթի**։

387 to burst

թաղել

388 to bury

հանրակառք

389 bus

հանրակառքի կանգառ

390 bus stop

Թուփը ծառէն փոքր է։

391 bush

Հիմա **զբաղած** եմ։

392 I am **busy** now.

բայց, սակայն

Կ'ուզեմ երթալ **բայց** զբաղած եմ։

Հայկ մեծ է, **սակայն** քոյրը՝ աւելի։

I would like to go, but I am busy.

Haig is big, but his sister is bigger.

393 but

մսագործ

394 butcher

Կարագ քսէ հացիս վրայ։

395 butter

թիթեռնիկ

396 butterfly

կոճակներ

397 buttons

Անոր պաղպաղակ **կը գնէ**։

398 to buy

կաղամբ

399 cabbage

Անտառին մէջ **խրճիթ** մը

400 cabin

դարան

401 cabinet

ընդունիչ ելեկտրալար՝
հեռատեսիլի

402 cable/lead*

փշածառ

403 cactus

վանդակ

404 cage

կարկանդակ

405 cake

հաշուիչ սարք

406 calculator

օրացոյց

407 calendar

հորթուկ

408 calf

կանչել

409 to call

ջնջել

Եթէ անձրեւէ՝ դաշտագնացութիւնը պիտի **ջնջենք:**
Անին **ջնջած** է կենդանաբանական պարտէզի մեր այցելութիւնը:
We will call off the picnic if it rains.
Ani has called off our trip to the zoo.

410 to call off

Աղջիկը **հանդարտ** է:

412 She is calm.

ուղտ

413 camel

լուսանկարչական մեքենայ

414 camera

Բանակումի գացած են:

415 to camp

բանակավայր

416 campsite

թիթեղեայ տուփ

417 can

հեռաձայնել

411 to call up/to phone*

տուփ բանալիք

418 can opener/tin* opener

Նաւը **ջրանցքէն** կ'անցնի:

419 canal

դեղձանիկ

420 canary

մոմ

421 candle

մոմակալ

422 candlestick

շաքարեղէն

423 candy/sweets*

ցուպ

424 cane/walking stick*

թնդանօթ

425 cannon

Չեմ կրնար տեսնել:

426 I cannot see.

մակոյկ

427 canoe

սեխի տեսակ

428 cantaloupe

Գետը կ'անցնի **հովիտէն:**

429 canyon

գլխարկի տեսակ

430 cap

հրուանդան

431 cape

պարեգօտ, պատմուճան

432 cape

գլխագիր տառ մը

433 capital

ահաւասիկ **նաւապետը**

434 captain

բռնել

435 to capture

ինքնաշարժ

436 car

Կարաւանը կ'անցնի անապատէն:

437 caravan

խաղաթուղթ

438 cards

հաստաթուղթ

439 cardboard

հոգ տանիլ

440 to care

անհոգ, անուշադիր

441 He is careless.

փոխադրելի բեռ

442 cargo

մեխակ

443 carnation

դիմակահանդէս, բարեկենդան

444 carnival

ատաղձագործ, հիւսն

445 carpenter

գորգ

446 carpet

մանկական կառք

447 carriage/pram*

ստեպղին

448 carrot

Ծանր բեռ մը **կը շալկէ**:

449 to carry

սայլ

450 cart

խաւաքարտէ տուփ

451 carton

շերտել, կտրել

452 to carve

արկղ

453 case

կանխիկ դրամ

454 cash

բալատուր

455 cashew nuts

դղեակ

456 castle

կատու

457 cat

ցուցակ

458 catalog/catalogue*

բռնել

459 to catch

հասնիլ

460 to catch up with

թրթուր

461 caterpillar

նախիր

462 cattle

կաթսայ

463 cauldron

ծաղկակաղամբ

464 cauliflower

հեծելազօրք, այրուձի

465 cavalry

Քարայրին մէջ արջ կա՞յ։

466 cave

առաստաղ

467 ceiling

տօնել

468 to celebrate

կարոս

469 celery

Մարմինը **բջիջներէ** կազմուած է։

470 cell

մառան

471 cellar

կրաղիւս

472 cement

կեդրոն

473 center/centre*

Մէկ մեթրը 100 **սանթիմեթր** է։

474 centimeter/centimetre*

հարիւրոտնեայ

475 centipede

դար

Դարը հարիւր տարիէ կը բաղկանայ։

476 century

իբր նախաճաշ գործածուող **հատիկ**

477 cereal

վստահ, որոշ

Անին **վստահ** է որ ինք իրաւունք ունի:
Անին **որոշ** զգացումներ ունի Վահանին նկատմամբ:
Ani is certain she is right.
Ani has a certain feeling about Vahan.

478 certain

վկայագիր, վկայական

479 certificate

շղթայ

480 chain

ելեկտրական սղոց

481 chainsaw

աթոռ

482 chair

կաւիճ

483 chalk

ախոյեան

484 champion

մանրուք դրամ

485 change

նեղուց

487 channel

գրքի **գլուխներէն** մէկը

488 chapter

նկարագիր, տիպար

Անին զօրաւոր **նկարագիր** ունի:
Քաջն Նազարը երեւակա-յական **տիպար** մըն է:
Ani has a strong character.
Nazar the brave is a ficticious character.

489 character

Կարօն **փոխեց** հագուստները:

486 to change

փայտածուխ, ածուխ

490 charcoal

կանկառի տեսակ մը

491 chard

ամբաստանել, ելեկտրականութիւն լեցնել

Ոստիկանութիւնը **ամբաստանեց** Սօսը գողութեամբ:
The police charged Sos with robbery.

492 to charge

ձիակառք

493 chariot

գծանիշ

494 chart

հետապնդել

495 to chase

շաղակրատել

496 to chat

աժան մատիտ, սուղ թագ

497 cheap pencil, expensive crown

Մհերը կը փորձէ **խարդախութիւն ընել:**

498 to cheat

ստուգել, յանձնել

Ստուգեցի՞ր թէ պատմութեան գիրքդ հետդ առած ես:
Հաճիս մուտքին **յանձնէ** վերարկուդ:

Did you check if you took your history book?
Check your coat at the entrance, please.

499 to check

այտ

500 cheek

Պանիրը կր շինեն կաթէն:

501 cheese

դրամատնային **վճարագիր**

502 cheque*/check

կեռաս

503 cherries

բաց **կուրծք** մը

504 chest

շագանակ

505 chestnut

Լաւ **ծամէ՛** կլլելէ առաջ:

506 to chew

սիսեռ

507 chick peas

վառեակ

508 chicken

ջրծաղիկ

509 chicken-pox

պետ, հրամանատար

510 chief

մանուկ

511 child

ցուրտ օր մը

512 a chilly day

ծխնելոյզ

513 chimney

սեւակապիկ

514 chimpanzee

կզակ

515 chin

յախճապակի

516 china/crockery*

Տաշեղը ծառէն հեռու չիյնար:

517 chip

հատիչ, գչիր

518 chisel

սոխի ընտանիքէ բոյս

519 chives

տուրմ, շոքոլա

520 chocolate

երգչախումբ

521 choir

խեղդել

522 to **choke**

շնչահեղձ **ըլլալ**

523 to **choke on**

Ո՞ր մէկը **ընտրեմ:**

524 to **choose**

հատել, կտրատել

525 to **chop**

ճաշի չինական **փայտիկ**

526 chopsticks

քրոմ

527 chrome

ոսկեծաղիկ

528 chrysanthemum

ածուխի **կտոր մը**

529 a **chunk/lump*** of coal

ծխագլան, սիկառ

530 cigar

ծխիկ, գլանիկ

531 cigarette

շրջանակ

532 circle

կրկէս

533 circus

Մե՛ծ **քաղաքի** մէջ
կ՚ապրիս:

534 city

Ոստրէն պատեանին մէջ

535 clam

մամլակ, ագուցիչ

536 clamp

ծափել

537 to **clap**

դասարան

538 classroom

ճանկ

539 claw

կաւ

Աղիւսը կը պատրաստուի **կաւէ**:
Կաւէն կրնաս նաեւ ամաններ եւ անօթներ շինել:

Clay is used to make bricks. You can also make pots and dishes out of clay.

540 clay

Վերէն վար **մաքուր** է:

541 She is all **clean.**

Անոյշ սեղանը **կը մաքրէ:**

542 to clear

ծովափին վրայ **քարաժայռ**

543 cliff

Դէպի գագաթ **մագլցիլ**

544 to climb

դարմանատուն

545 clinic

մազ կտրել

546 to clip

ժամացոյց

547 clock

գոցել

548 to close

Հանդերձարանը կոկի՞կ է:

549 closet/cupboard*

կերպաս, կտոր

Հագուստները **կերպասէ** կը պատրաստուին:
Մաման յատուկ **կտոր** մը ունի ամանները չորցնելու համար:

Clothes are made out of cloth. Mother uses a dishcloth to wipe the dishes.

550 cloth

զգեստ

551 clothes

լուացքի պարան

552 clothes line

ամպ

553 cloud

Քառատերեւ **առուոյտը** բախտաբեր է:

554 clover

հտպիտ

555 clown

Նախամարդուն **մահակը**

556 club

կարեւոր հետք

Ոստիկանութիւնը **կարեւոր հետք** մը գտաւ ոճիրին կապակցութեամբ:

The police found a clue to the crime.

557 clue

ինքնաշարժի ագուցող

558 clutch

Ամուր **կառչէ** պարանին:

559 to clutch

Անհաւասիկ **մարզիչը**

560 coach

մարդատար կառքի տեսակ

561 coach

Հանքածուխը կը հանեն հանքէն:

563 coal

կոշտ, կոպիտ

Այս կտաւը շատ **կոշտ** է:
Կոպիտ լեզու մի՛ գործածեր:
This cloth is very coarse.
Do not use coarse language.

564 coarse

ծովափ

565 coast

մարզել

Շաբաթը երկու անգամ Աստղիկ **կը մարզէ** խումբը:
Asdghig coaches the team twice a week.

562 to coach

վերարկու

566 coat

Սարդին **ոստայնը**

567 cobweb

հնդկանշի

568 cocoa

հնդկընկոյզ

569 coconut

բրանձուկ

570 cod

Սուրճի հատիկները ծառի վրայ կը բուսնին:

571 coffee

դագաղ

572 coffin

զսպանակ

573 coil

մետաղադրամ

574 coin

Կը մսիմ: Կը պաղիմ:

575 I am cold.

օձիք

576 collar

Անիին քոյրը դրոշմաթուղթ **կը հաւաքէ:**

577 to collect

ճեմարան

578 college

Ինքնաշարժները իրար **կը բախին** երբ վարորդները քնանան:

579 to collide

բախում, ընդհարում

580 collision

Ո՞ր **գոյնը** կը նախընտրես:

581 color/colours*

Ձամբիկը եւ իր **մտրուկը**

582 colt

քարէ **սիւներ**

583 column

սանտր

584 comb

սանտրել

585 to comb

միացնել, խառնել

586 combine

գալ

Անին հաւաքոյթի **եկաւ** հանրակառքով:
Հոս յաճա՞խ **կու գաս**:
Ani came to the party by bus.
Do you come here often?

587 to come

փրթիլ, անջատուիլ

588 to come off

սթափիլ

589 to come to

հանգստաւէտ

590 comfortable

Ահաւասիկ մեծ **ստորակէտ** մը

591 comma

հրամայել

592 to command

համայնք

Փոքր **համայնքի** մը մէջ կ'ապրինք:
Համայնքային կեդրոնին մէջ աւազան մը կայ:
We live in a small community.
There is a pool in the community centre.

593 community

Սահակ եւ Վահան **ընկերակիցներ** են:

594 companion

Լաւ **ընկերակիցներով** շրջապատուած եմ:

595 I am in good company.

բաղդատել

596 to compare

Կողմնացոյցս Հիւսիսը ցոյց կու տայ:

597 My compass points north.

Արամ համանուագ մը **կը յօրինէ:**

598 to compose

երգահան, յօրինող

599 composer

յօրինում, յղացում

600 composition

համակարգիչ

601 computer

կեդրոնանալ

602 to concentrate

նուագահանդէս, համերգ

603 concert

կրաշաղախ

604 concrete

խմբավար

605 conductor

կոն

607 cone

պաղպաղակի **կոն**

608 ice cream cone

խոզակ

609 pine cone

գնացքավար

606 conductor/guard*

ինքնավստահ

610 confident

Շփոթած եմ: **Շուարած** եմ:

611 I am confused

շնորհաւորել

612 to congratulate

միացնել

613 to connect

բաղաձայն

բ, գ, դ, փ, կ,
բաղաձայններ են:

614 consonant

Ոստիկանը քեզի կ'օգնէ:

615 constable

Համաստեղութեան մէջ
բազմաթիւ աստղեր կան:

616 constellation

Եօթը **ցամաքամասեր** կան:

617 continent

խօսակցութիւն

618 conversation

Հայրիկը լաւ **խոհարար** է:

619 Dad is a good **cook**.

Ան **նախաճաշ կը պատրաստէ**:

620 He **cooks** breakfast.

Ծատ **բլիթ** մի ուտեր:

621 cookie/biscuit*

Ձեռքս **պաղ** ջուրին մէջ է:

622 My hand is in the **cool** water.

պղինձէ խողովակ

623 copper

ընդօրինակել

624 to copy

բուստ

625 coral

պարան, հաստ չուան

626 cord

խցան

627 cork

խցանահան

628 corkscrew

կորեկ, եգիպտացորէն

629 corn/maize*

անկիւն

630 corner

դիակ, սատակ

631 corpse

միջանցք

632 corridor

տիեզերագնաց

633 cosmonaut/astronaut*

Ազգային **տարազ** մը

634 costume

գիւղի տուն

635 cottage

բամպակէ շապիկ մը

636 cotton

օթոց, տիւան

637 couch/sofa*

Լոռի **կը հազայ:**

638 to cough

հաշուել, համրել

639 to count

համարակալ գործիք

640 counter

վաճառասեղան

641 counter

գիւղական շրջան

642 country

Այս **երկիրը** Գանատան է:

643 country

Անոնք աղուոր **զոյգ** մըն են:

644 couple

քաջութիւն

645 courage

Թէնիսի **մարզադաշտ** մը

646 court

Զարմուհիս քեռիիս աղջիկն է:

647 My **cousin** is my uncle's daughter.

ծածկել

648 to **cover**

կափարիչ

649 cover

կով

650 cow

Այս տղան **վախկոտ** է:

651 This boy is a **coward.**

կովարած

652 cowboy

Խեչափառը կ'ապրի ծովուն մէջ:

653 crab

ճեղք, ճեղքուածք

654 crack

բրջան

655 cracker

օրրան

656 cradle

կռունկ

657 crane

կռունկ

658 crane

զարնուիլ եւ ճզմուիլ

659 to crash

սնտուկ

660 crate

սողալ

661 to crawl

խեցգետին

662 crayfish

իւղաներկ-մատիտ

663 crayons

սերուց, օծանելիք

Հայրիկը սուրճը կը սիրէ **սերուցով**:
Արեւի **օծանելիքը** կը պաշտպանէ մորթը:
Dad likes cream in his coffee.
Sun cream protects your skin.

664 cream

ծալք

665 crease

Տարօրինակ **արարած** մը

666 creature

Առուն փոքր վտակ մըն է:

667 creek

անձնակազմ

668 the crew

մանկական անկողին

669 crib/cot*

ծղրիթ, ճպուռ

670 cricket

ոճրագործ

671 criminal

կոկորդիլոս

672 crocodile

քրքմածաղիկ

673 crocus

խարդախ անձ մը

674 crook

շեղած գերան

675 crooked post

ծուռ նկար

676 crooked painting, upright tower

առատ **բերք**

677 crop

խաչ

678 cross

Մէկ կողմէն միւսը **անցնիլ**:

679 to cross

ջնջել

680 to cross out

ագռաւ

681 crow

Մեծ **ամբոխ** մը...

682 A big **crowd** in a small space.

թագ

683 crown

թագադրել

684 to crown

փշրանք

685 crumb

խաղողը **ճզմել**

686 to crush

խմորեղէնի չորուկ

687 crust

անթացուպ

688 crutch

լալ

689 to cry

բիւրեղեայ գունտ մը

690 crystal

Քոթոթը արջին ձագն է:

691 cub

խորանարդ

692 cube

կկու

693 cuckoo

վարունգ

694 cucumber

թեւնոց

695 cuff

Թէյի **գաւաթ** մը:

696 cup

Պնակեղէնի պահարան

697 cupboard

մայթեզր

698 curb/kerb*

Ապաքինած եմ: **Բուժուած** եմ:

699 I am cured.

Սանան մազը **կը գանգուրցնէ:**

700 to curl

Հիմա մազը **գանգուր** է:

701 curly

հետաքրքիր

702 curious

հաղարջ

703 currant

Հոսանքը զօրաւոր է:

704 current

վարագոյր

705 curtains

կոր, դարձդարձիկ

706 curve

բարձ

707 cushion

յաճախորդ

708 customer

կտրել

709 to cut

անուշիկ, սիրունիկ

712 cute/sweet*

ճաշի **սպաս**

713 cutlery

հեծանիւ

714 cycle

ճամբան կտրել

710 to cut in

գլան

715 cylinder

ծնծղայ

716 cymbals

նոճի, կիպարիս

717 cypress

կտրել-հանել

711 to cut out

Նարգիզը գարնան ծաղիկ է:

718 daffodil

դաշոյն

719 dagger

օրաթերթ, ամէնօրեայ

720 daily

կաթնարան

721 dairy

մարգարտածաղիկ

722 daisy

ամբարտակ մը գետին վրայ

723 dam

վնասուած

724 damaged

խոնաւ կամ **թաց**

725 damp

պարել

726 to dance

պարուհի

727 dancer

խլածաղիկ

728 dandelion

վտանգ

729 danger

Մութէն չեմ վախնար:

730 dark

Տէգը կը նետեն:

731 dart

վահանակ

732 dashboard

Այսօրուան **թուականը** ի՞նչ է:

733 date

Դուստր, աղջիկս

734 daughter

Լաւ **օրուան** մը սկիզբը

735 the start of a nice day

սատկած, մեռած մուկ

736 dead mouse

deaf

737-756

Խուլը չի կրնար լսել:

737 deaf

սիրելի

Սեւակը **սիրելի** ընկերս է:
Սիրելի մայրս, բանակավայրը հաճելի է:

Sevag is my dear friend.
Dear Mom, camp is fun.

738 dear

Դեկտեմբեր

739 December

որոշել

Անին չի կրնար **որոշել** հագնելիքը:
Թերեւս մայրը **որոշէ** իրեն համար:

Ani cannot decide what to wear.
Mom may have to decide for her.

740 to decide

Նաւու **տախտակամած**

741 deck

զարդարել

742 to decorate

զարդարանք

743 decoration

Աշոտ **խորունկ** կողմը չ'երթար:

744 deep end

Եղնիկ մը անտառին մէջ

745 deer

յանձնել

746 to deliver

Սահակ ինքնաշարժս **ծռմռեց:**

747 to dent

ատամնաբոյժ

748 dentist

գերվաճառատուն

749 department store

անապատ

750 desert

Գրասեղա՞ն մը անապատին մէջ

751 desk

աղանդեր

752 dessert

կործանել, քանդել

753 to destroy

Խորտընկէցը մարտանաւ մըն է:

754 destroyer

գաղտնի ոստիկան

755 detective

ցօղ՝ տերեւին վրայ

756 dew

տրամագիծ

757 diagonal

գծագիր բացատրութիւն

758 diagram

ադամանդ

759 diamond

Մանուկները **շորիկի** պէտք ունին:

760 diaper/nappy*

Օրագիր կը պահե՞ս:

761 diary

Բառարանին մէջ փնտռէ:

762 dictionary

մեռնիլ, մահանալ

763 to die

տարբերութիւն

Ամէնքը հաւասար ծնած են. **տարբերութիւն** չկայ մարդոց միջեւ:

All people are born equal, there is no difference between them.

764 difference

տարբեր մարդիկ

765 **different** people

փորել

766 to **dig**

Օձը փիղ մը **կը մարսէ**:

767 The snake **digests** an elephant.

աղօտ լոյս

768 dim

Անոր **այտի փոսիկները**

769 dimple

մակոյկի տեսակ

770 dinghy

ճաշասենեակ

771 dining room

ընթրիք

772 dinner

ահռամողէզ

773 dinosaur

ուղղութիւն

774 direction

Հայրիկը կոխեց **ցեխին** մէջ:

775 dirt

Իր տաբատը շատ **աղտոտ** է:

776 dirty

Տարակարծիք եմ հետը:

777 to **disagree**

անյայտանալ, անհետանալ

778 to **disappear**

աղէտ

779 **disaster**

երեւան հանել, գտնել

780 to **discover**

վիճարկել, խօսակցիլ

781 to **discuss**

ախտ

782 **disease**

Անին **ծպտուած** է:

783 **disguise**

Ամանները ո՞վ պիտի լուայ:

784 **dishes**

Անպարկեշտ անձ մը

785 a **dishonest** person

օճառ ջուր աման լուալու համար

786 **dishwater**

չսիրել, չախորժիլ

787 to **dislike**

Դեղահատը **կը լուծուի:**

788 to **dissolve**

Երկու ծառերու միջեւ **հեռաւորութիւն**

789 **distance** between two trees

Հեռակայ ծառ մը

790 a **distant** tree

շրջան, ընտրաշրջան

791 **district**

փոս, խրամ

792 **ditch**

գլխիվայր **սուզուիլ**

793 to **dive**

խնձորը **բաժնել**

794 to **divide**

Գլխապտոյտ ունիմ:

795 I feel **dizzy**.

Ի՞նչ կրնամ **ընել**:

796 What shall I **do**?

նաւամատոյց

797 dock

բժիշկ

798 doctor

շուն

799 dog

պուպրիկ

800 doll

դլփին

801 dolphin

գմբէթ

802 dome

Էշը ծանրաբեռնուած է:

803 donkey

դուռ

804 door

բռնակ-բանալի

805 doorknob

կրկնակի, զոյգ

806 double

խմոր

807 dough

Աղաւնին խաղաղութեան խորհրդանիշ է:

808 dove

Անին **փետուրէ** բարձ ունի:

809 down

մրափել

810 to doze

Տասներկու հաւկիթը մէկ **երկվեցեակ** կ՚ընէ:

811 dozen

քաշկռտել, քարշ տալ

812 to drag

վիշապ

813 dragon

վիշապակ

814 dragonfly

լուացարանի ջրդան

815 drain/plug hole*

Ռազմիկ շատ լաւ **կը գծէ:**

816 to draw

շարժական կամուրջ

817 drawbridge

Դարակը պարապ է։

818 drawer

հաճելի **երազ մը**

819 a nice dream

Ոչխարներ **կ'երազեմ։**

820 I dream of sheep.

հագուստ

821 dress

հագնիլ, հագուիլ

822 to dress

դարակարան

823 dresser/chest of drawers*

լորձնոտիլ

824 to dribble

Յորձանքէն **կը քշուի։**

825 to drift

ծակել

826 to drill

մեքենական **գչիր**

827 drill

խմիչք

828 drink

կաթիլ

830 to drip

Ուշադրութեամբ **կը վարեմ։**

831 I drive carefully.

խելառ **վարորդ**

832 crazy driver

խմել, լակել

829 to drink

մեղմ անձրեւ, թաթաւ

Թաթաւը մեղմ անձրեւ է։
Drizzle is a fine rain.

833 drizzle

Կատուին **բերնին ջուրը կը վազէ։**

834 to drool

գինիի **կաթիլ մը**

835 drop

Բաժակը **ձեռքէն կ'իյնայ։**

836 to drop

հանդիպիլ, հոնկէ անցնիլ

837 to **drop in**

Հայրիկը կատուն **ձգեց** անասնաբոյժին մօտ:

838 Dad **drops off** the cat at the vet.

Ան մրցումէն **քաշուեցաւ**:

839 to **drop out**

Թմրած, քնատ կը զգամ:

840 I feel **drowsy**.

թմբուկ

841 drum

չոր

842 dry

չորցնել

843 to dry

արդուկիչ

844 dry cleaner

լուացք չորցնելիք մեքենայ

845 dryer

դքսուհի

846 duchess

բադ

847 duck

մենամարտ մը

848 duel

դուքս

849 duke

աղբակոյտ

850 dump

բեռնաթափել

851 to dump

բեռնաթափ, ինքնաթափ

852 dumptruck/lorry*

զնտան

853 dungeon

մթնշաղ, աղջամուղջ

854 dusk

Փոշին կ'առնէ:

855 dust

թզուկ, գաճաճ

856 dwarf

Իւրաքանչիւրը ստեպղին մը ունի:

857 Each rabbit has a carrot.

արծիւ

858 eagle

ականջ

859 ear

առաւօտ **կանուխ**

860 early

շահիլ, արժանանալ

Մաման լաւ դրամ **կը շահի:**
Անին արձակուրդի մը **արժանի** է:
Mom earns a good wage.
Ani has earned a holiday.

861 to earn

Երկիր երկրագունտը

862 Earth

հող փորել

863 earth

երկրաշարժ

864 earthquake

նկարիչին **նկարակալը**

865 easel

Արեւելք

866 east

Լողալը **դիւրին է:**

867 Swimming is **easy.**

ուտել

868 to eat

նախաճաշել

869 to eat breakfast

ճաշել

870 to eat lunch

ընթրել

871 to eat dinner/supper*

Ձայնիս **արձագանգն** է:

872 echo

Արեւի **խաւարում**

873 eclipse

Ծառը **եզրին** է:

874 The tree is at the **edge.**

օձաձուկ

875 eel

Հաւը **հաւկիթ** ածեց:

876 egg

սմբուկ

877 eggplant/aubergine*

ութ

878 eight

ութերորդ

879 eighth

առաձգական

880 elastic

արմուկ

881 elbow

ընտրութիւն

Ընտրութիւններ կը կատարեն կառավարութիւն ընտրելու համար:
Ո՞վ շահեցաւ **ընտրութիւնը**:
Elections are held to choose the government.
Who won the election?

882 election

ելեկտրականագէտ

883 electrician

ելեկտրականութիւն

884 electricity

փիղ

885 elephant

վերելակ

886 elevator/lift*

հիւսիսային **եղջերու**

887 elk

կնձնի

888 elm

ամչնալ, նեղը ձգել

889 to embarrass

փաթթուիլ, գրկընդխառնուիլ

890 to embrace

ասեղնագործութիւն

891 embroidery

հապճեպ օգնութիւն

892 emergency

Անօթը **պարապ** է:

893 The jar is **empty**.

Ճամբուն **վերջաւորութիւնն** է:

894 This is the **end**.

թշնամիներ

895 enemies

շարժիչ, մեքենայ

896 engine

մեքենավար

897 engineer/engine driver*

ըմբոշխնել,
հաճոյք առնել

898 to enjoy

վիթխարի անռամողէզ

899 enormous dinosaur

Բաւարար է:

900 That is **enough.**

Չալօն **ներս կը մտնէ:**

901 to enter

մուտք

902 entrance

նամակի պահարան

903 envelope

հաւասար

904 equal

հասարակած

905 equator

յանձնարարութիւն

Անին հայրիկին համար
յանձնարարութիւն մը կը
կատարէ:
Ani is running an errand for
Dad.

906 errand

շարժասանդուխ

907 escalator

փախչիլ

908 to escape

Եւրոպան ցամաքամաս
մըն է:

909 Europe

շոգիացում

910 evaporation

Չորսը **զոյգ** թիւ մըն է:

911 Four is an **even** number.

Հարթ մակերես մը

912 an **even** surface

մշտադալար

913 evergreen

ամէն

Անին գրեթէ **ամէն** օր իր
անկողինը կը շտկէ:
Մաման պէ՞տք է իրեն
յիշեցնէ **ամէն** անգամ:

Ani makes her bed almost
every day.
Must Mom ask her every time?

914 every

գրաւոր քննութիւն

915 exam

քննել, զննել

916 to examine

օրինակ

Երբեմն Անին լաւ **օրինակ** չի հանդիսանար:

Sometimes Ani does not set a good example.

917 example

բացագանչութեան նշան

918 exclamation mark

Ներեցէք ինծի:

919 Excuse me!

մարզանք ընել

920 to exercise

գոյութիւն ունենալ

Գոյութիւն ունենալ կը նշանակէ ըլլալ:
Անին ըսաւ «Այսպէս բան չկայ», ըսել ուզեց **«Գոյութիւն չունի»**:

To exist is to be.

Ani said "There is no such thing," and she meant "It does not exist."

921 to exist

Չալօն դուրս կ'ելլէ

922 to exit/leave*

ուռեցնել, ընդլայնել

923 to expand

ակնկալել, սպասել

Հայրիկը **կ'ակնկալէ** որ լաւ վարուիս:
Քեզի **կը սպասենք** ժամը երկուքին:

Dad expects you to be good.
We expect you at two o'clock.

924 to expect

սուղ, թանկարժէք

925 expensive

փորձ, փորձարկում

926 experiment

մասնագէտ

927 expert

Եկո՛ւր, **բացատրեմ:**

928 to explain

հետախուզել

929 to explore

պայթում, պայթիւն

930 explosion

կրակաշէջ

931 extinguisher

աչք

932 eye

յօնք

933 eyebrow

ակնոց

934 eyeglasses/spectacles*

թարթիչ, արտեւանունք

935 eyelash

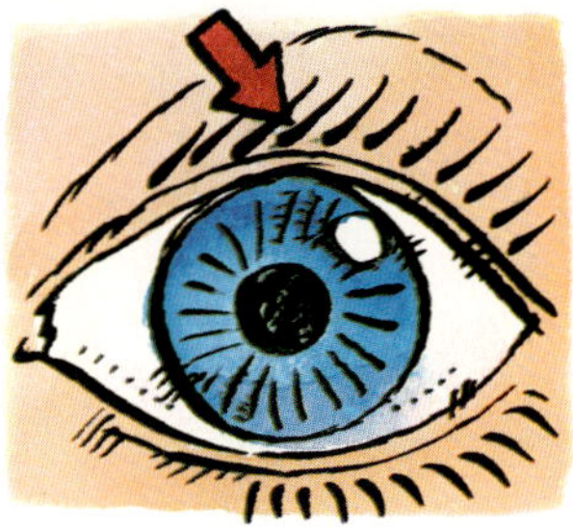

Մրջիւնին եւ ճպուռին առակը

936 fable

դէմք

937 face

գործարան

938 factory

ձախողիլ

939 to fail

աւրուիլ, խանգարուիլ

940 to fail

տօնավաճառ

941 fair

պարիկ

942 fairy

հաւատք, բարի կամեցողութիւն

Քու վրադ **հաւատք** ունինք:
Անին ընդունեց զայն **բարի կամեցողութեամբ**:
We have faith in you.
Ani accepted it in good faith.

943 faith

կեղծուած գեղանկար

944 fake painting

Աշուն է արդէն:

945 fall/autumn*

իյնալ

946 to fall

սուտ, սխալ, կեղծ ահազանգ

949 false alarm

ընտանիք

950 family

վար իյնալ

947 to fall down

վրայէն իյնալ

948 to fall off

հռչակաւոր դերասանուհի

951 famous actress

հովահար

952 fan

շքեղ զգեստներ

953 fancy clothes

ժանիք

954 fang

Քաղաքը **հեռու** է:

955 The city is **far** away.

Մնաք բարով:

956 Farewell !

ագարակ

957 farm

ագարակապան

958 farmer

արագ

959 fast

Նստագօտիս **կ'ամրացնեմ**

960 I **fasten** my seatbelt.

գէր

961 fat

մահացու թոյն

962 fatal

հայր

963 father

Ծորակը կը կաթի:

964 faucet/tap*

Որո՞ւ **սխալն** է:

965 Whose **fault** is it?

խնդրանք, ծառայութիւն

Խնդրանք մը ունիմ քեզմէ:
Անին ազնիւ է եւ կը սիրէ մարդոց **ծառայութիւն** մատուցանել:

Can I ask you a favor?
Ani is nice and likes doing people favors.

966 favor/favour*

Նախասիրածս է:

967 favorite/favourite*

յոռեգոյնէն **վախնալ**

968 to **fear** the worst

կերուխում, խնճոյք

969 feast

Թռչունի **փետուր**

970 feather

Փետրուար

971 February

կերակրել, սնուցանել

972 to **feed**

Լաւ **կը զգամ:**

973 I **feel** well.

Էգ թռչունը ձու կ'ածէ:

974 female

ցանկապատ

975 fence

ինքնաշարժին թեւը

976 fender/wing*

Պտերը բոյսի տեսակ է:

977 fern

լաստանաւ

978 ferry

փառատօն

979 festival

տաքութիւն, ջերմութիւն

980 fever

Քիչ մարդ եկաւ:

981 Few people came.

դաշտ

982 field

Ալիս **հինգերորդն** է:

983 fifth

Անոնք **կը կռուին:**

984 to fight

Եղունգը **կը խարտոցէ:**

985 to file

լեցնել

986 to fill

նկարերիզ

988 film

կեղտոտ խոզ մը

989 filthy

Շնաձուկի **լողակ** մը

990 fin

լրիւ լեցնել

987 to fill up

Ոստիկանը **տուգանք** կը գրէ:

991 fine

Ես **լաւ** եմ:

992 I am fine.

մատ

993 finger

մատնահետք

994 fingerprint

Մրցումը **կ'աւարտէ:**

995 to finish

շոճի, եղեւին

996 fir

կրակ, հրդեհ

997 fire

հրշէջի կառք

998 fire engine

փախուստի սանդուխ

999 fire escape

պայթուցիկ

1000 firecracker/banger*

հրշէջ

1001 firefighter

կրակարան

1002 fireplace

ամուր, հաստատ, հաստատութիւն

Անին ձեռքս **ամուր** կը սեղմէ:
Թամարին **հաստատութիւնը** խաղալիքներ կը շինէ:
Ani has a firm handshake.
Tamar's firm makes toys.

1003 firm

Շարքին **առաջինը**

1004 first

ձուկ

1005 fish

ձուկ որսալ

1006 to fish

խայծ

1007 fishhook

բռունցք, կռուփ

1008 fist

հինգ

1009 five

շինել, շտկել, նորոգել

1010 to fix

Ծովահէնի **դրօշ**

1011 flag

Փաթիլ-փաթիլ կը ձիւնէ:

1012 flake

բոց

1013 flame

թափահարել

1014 to flap

շողում

1015 flare

ցայտալոյս

1016 flash

լուսարձակ

1017 flashlight/torch*

սրուակ

1018 flask

տափակ, ողորկ

1019 flat

տափակցնել, հարթել

1020 to flatten

Տարբեր **համ** ունին:

1021 flavor/flavour*

Չալոյին վրայ **լու** կայ:

1022 flea

Ան **կը փախչի**:

1023 to flee

ոչխարի բուրդ, ասր

1024 fleece

Առատ **միս** ունի:

1025 flesh

ծփալ

1026 to float

Թռչուններու **երամ** մը

1027 flock

ջրհեղեղ

1028 flood

տախտակամած

1029 floor

ալիւր

1030 flour

Արիւնը **կը ծորի** երակին մէջ:

1031 to flow

ծաղիկ

1032 flower

հարբուխ, դում

1033 flu

բմբուլ, աղուափետուր

1034 fluff

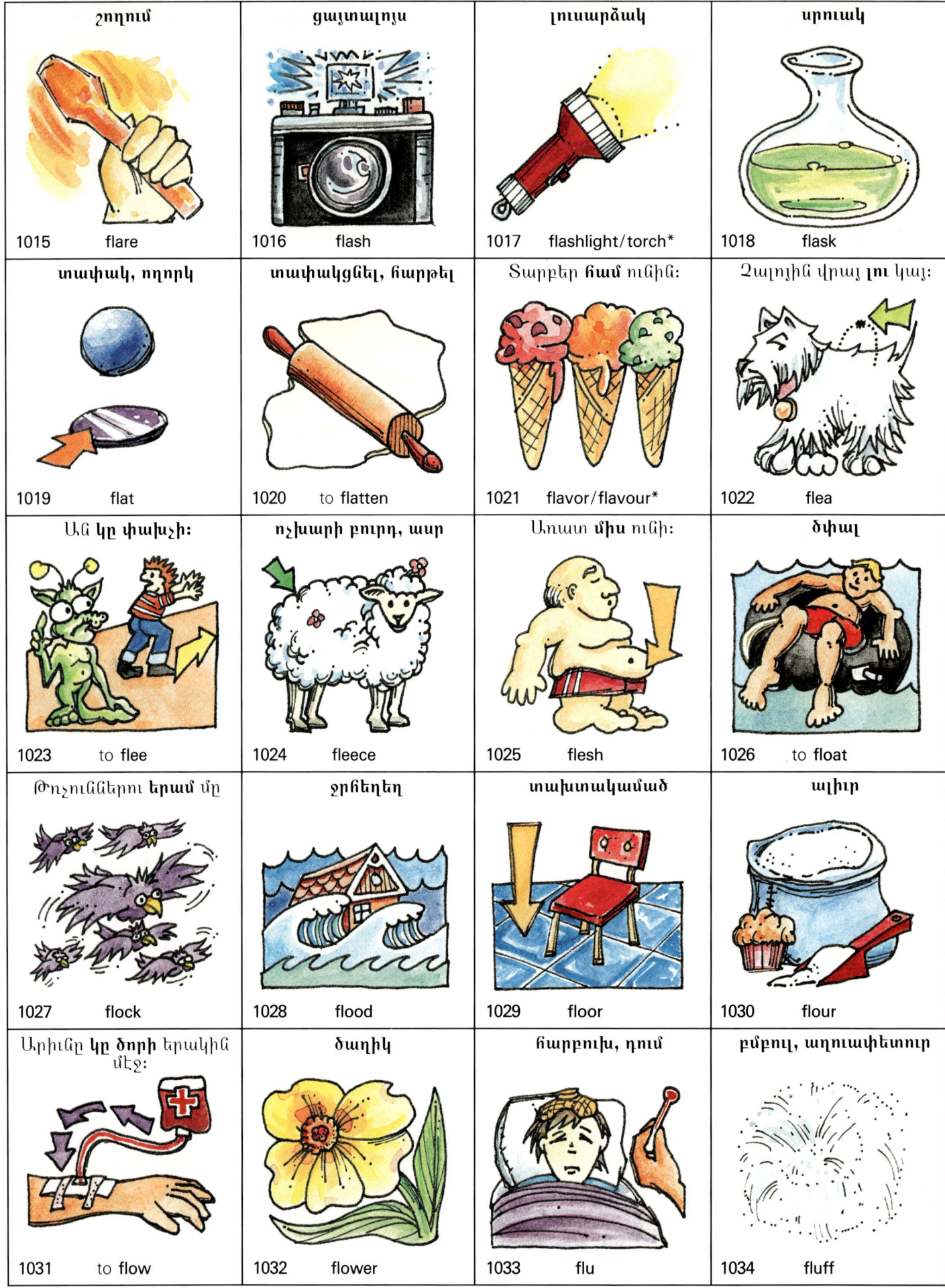

Ջուրը **հեղուկ** մըն է։

1035 fluid

ճանճ

1036 fly

Տաբատի **վերածալք**

1037 fly

Անոնք **կը թռչին**։

1038 to fly

փրփուր

1039 foam

մշուշ

1040 fog

Ա՛յս ձեւով **ծալէ**։

1041 to fold

Սագը իրեն **կը հետեւի**։

1042 to follow

ուտեստեղէն

1043 food

ոտք

1044 foot

ոտնագնդակ

1045 American football

Ձիւնին վրայ **ոտնահետք** կայ։

1046 footprint

քայլափոխ

1047 footsteps

համար

Մէկը բոլորին, բոլորը մէկուն **համար**։
Լաւագոյնին թէ յոռեգոյնին **համար**։
One for all and all for one.
For better or for worse.

1048 for

խորտակել, ստիպել

1049 to force

ճակատ

1050 forehead

անտառ

1051 forest

մոռնալ

Մեր շունը իր անունը **կը մոռնայ**։
Հայրիկը կաթ գնելու **մոռցաւ**։
Our dog forgets his name.
Dad forgot to buy milk.

1052 to forget

ներել

Կը ներեմ՝ եթէ խոստանաս բարի ըլլալ։
I forgive you if you promise to be good.

1053 to forgive

պատառաքաղ

1054 fork

Ծանրաբարձ պզտիկ մեքենայ

1055 forklift

ձեւ, կերպ

1056 form/tailor's dummy*

Զինուորական **ամրոց** մը

1057 fort

առաջանալ, համարձակ

Առաջացիր՝ մինչեւ հասնիս մայր դրան:

Անին կը խորհի որ տղան **համարձակ** է:

Go forward until you reach the front door.
Ani thinks he is too forward.

1058 forward

Ձուկի **բրածոյ** մը

1059 fossil

գարշահոտ

1060 foul odor/odour*

Տան **հիմքը**

1061 foundation

աւազան, ցայտաղբիւր

1062 fountain

խորամանկ **աղուէս** մը

1063 fox

կոտորակ

1064 fraction

Հաւկիթը **դիւրաբեկ** է:

1065 fragile

շրջանակ

1066 frame

ցան, պիսակ

1067 freckle

Թռչունը **ազատ** արձակէ՛:

1068 free

սառիլ, սառեցնել

1069 to freeze

Խնձորը **թարմ** է:

1070 fresh

Ուրբաթ

Ուրբաթէն ետք դպրոց չկայ մինչեւ Երկուշաբթի:

Friday means no more school until Monday.

1071 Friday

սառնարան

1072 fridge

ընկերներ, բարեկամներ

1073 friends

Դալար **կը վախցնէ** իր եղբօր:

1074 to frighten

գորտ

1075 frog

Ես Հրատ մոլորակէն եմ:

1076 I am **from** Mars.

առջեւը, առաջամաս

1077 front

եղեամ

1078 frost

յօնքերը պռստել, խոժոռիլ

1079 to frown

Պտուղը աւելի լաւ է քան շաքարեղէնը:

1080 fruit

տապկել

1081 to fry

տապակ

1082 frying pan

Ինքնաշարժները **վառելանիւթի** պէտք ունին:

1083 Cars need **fuel.**

լեցուն

1084 full

զուարճանալ

1085 having **fun**

բարեսիրական **հիմնադրամ**

1086 charity **fund**

յուղարկաւորութիւն

1087 funeral

Ձագարով իւղ լեցուր

1088 funnel

ծիծաղաշարժ, տարօրինակ

Դպրոցի ճամբուն վրայ **ծիծաղաշարժ** դէպք մը պատահեցաւ:
Սունկը ուտելէ ետք Անին **տարօրինակ** զգաց:
A funny thing happened on the way to school.
Ani felt funny after eating that mushroom.

1089 funny

Ամրան՝ **մուշտակէ** վերարկու

1090 **fur** coat

վառարան

1092 furnace/boiler*

կահկարասի

1093 furniture

ելեկտրական ապահովիչ

1094 fuse

Կատուն **մուշտակաւոր** է:

1091 furry

Մրրիկը զօրաւոր հով է:

1095 gale

արուեստի **ցուցասրահ**

1096 gallery

Ջին կրնայ քալել կամ **քառասմբակ արշաւել**

1097 to gallop

խաղ

1098 game

Որձասագը արու սագն է:

1099 gander

գողերու **խումբ** մը

1100 gang

բացուածք, միջոց

1101 gap

ինքնաշարժի **կառատուն**

1102 garage

աղբ

1103 garbage/rubbish*

աղբաման

1104 garbage can/rubbish bin*

բանջարանոց

1105 vegetable garden

կարկարայ ընել, խախաջել

1106 to gargle

Սխտորը ծանր կը հոտի:

1107 garlic

ծնրակապ, ծնկակապ

1108 garter

կազ, օդակազ

Փուչիկը **օդակազով** լեցուած էր:
Կարգ մը **կազեր** օդէն թեթեւ կ'ըլլան:
The balloon was filled with gas.
Some gases are lighter than the air.

1109 gas

Ինքնաշարժի **վառելանիւթ**

1110 gas/petrol*

վառելանիւթի ոտնակ

1111 gas pedal/accelerator*

վառելանիւթի բաշխիչ

1112 gas/petrol pump*

վառելանիւթի կայան

1113 gas/petrol station*

ցանկապատի դուռ

1114 **gate**

ժողվել, հաւաքել

1115 to **gather**

ատամնաւոր անիւ, կեռանիւ

1116 **gears**

գոհար, յարգի քար

1117 **gem**

զօրավար մը

1118 **general**

առատաձեռն բարեկամ մը

1119 a **generous** friend

ազնիւ, մեղմ անձ

1120 a **gentle** person

Ազնուական մարդ է:

1121 **gentleman**

իրական խոզ մը

1122 a **genuine** pig

աշխարհագրութիւն

1123 **geography**

խորդենի

1124 **geranium**

մկնաճագար

1125 **gerbil**

հիւանդութեան **մանրէ**

1126 **germ**

Բռնէ՛ այդ մուկը:

1127 **Get** that mouse!

Ետ առնել կ'ուզեմ ատիկա:

1128 I want to **get** it **back.**

Անին լողաւազան **կը մտնէ:**

1129 to **get in** the pool

Անին **վար կ'իջնէ...**

1130 to **get off**

Յետոյ **վեր կ'ելլէ:**

1131 to **get on**

Աղբը **կը թափէ:**

1132 to **get rid of**

Հոս՝ **անկողնէն կ'ելլէ:**

1133 to **get up**

Ուրուական տեսա՞ծ ես:

1134 ghost

հսկայ

1135 giant

նուէր

1136 gift

հսկայական կէտ մը

1137 gigantic

քրքջալ

1138 to giggle

Ձուկը կը շնչէ **խռիկներով:**

1139 gills

Կոճապղպեղը համեմ մըն է:

1140 ginger

համեմահաց

1141 gingerbread

գնչուն եւ իր սայլը

1142 gipsy

ընձուղտ

1143 giraffe

աղջիկ

1144 girl

Հովանոցը Անոյշին **տուաւ:**

1145 to give

սառցակոյտ, սառցադաշտ

1148 glacier

Ուրախ եմ:

1149 I am **glad.**

պատուհանի **ապակին**

1150 glass

վերադարձնել

1146 to give back

Ակնոց կը գործածե՞ս:

1152 glasses

սահիլ

1153 to glide

գաւաթ մը ջուր

1151 glass

Տեղի կու տամ, կը յանձնուիմ

1147 I give up!

ճախրասաւառնակ, սաւառնակ

1154 glider

զոյգ մը **ձեռնոց**

1155 gloves

Խէժով փակած է:

1156 glue

երթալ

1157 to go

բերդը եւ իր բերդապահը

1161 goal

այծ

1162 goat

ջուրի ակնոց

1163 goggles

վար իջնել

1158 to go down

ձոյլ **ոսկի**

1164 gold

կարմրաձուկ, ոսկեձկնիկ

1165 goldfish

Քեռիս **կոլֆ** կը խաղայ:

1166 golf

Ներս **մտնել**

1159 to go in

Ի՜նչ **լաւ** համ ունի:

1167 good

Մնաս բարով, մամա՛:

1168 Goodbye!

սագ

1169 goose

վեր ելլել

1160 to go up

փշահաղարջ

1170 gooseberry

Փա՛րթամ, շքեղ մազ ունի՛:

1171 gorgeous

մարդակապիկ, կորիլլա

1172 gorilla

կառավարել

Կառավարութիւնը **կը կառավարէ** երկիրը:
Երկիր մը **կառավարելը** այնքան ալ դիւրին չէ:

The government governs the country.
It is not as easy to govern a country as it seems.

1173 to govern

Կառավարութիւն

Կառավարութիւնը կ'ընտրուի ժողովուրդին կողմէ:
Անիին հայրը՝ ծովակալը կ'աշխատի **կառավարութեան** համար:
The government is elected by the people.
Ani's dad, the admiral, works for the government.

1174 government

խլել, յափշտակել

1175 to **grab**

Տղան շատ **սիրալիր** է:

1176 He is very **gracious.**

Առաջին **դասարան** եմ:

1177 grade / form*

ցորենի **հատիկ, հացահատիկ**

1178 grain

1000 **կրամ** =
1 քիլոկրամ

1179 gram

թոռնիկ

1180 grandchild

մեծ հայր, պապիկ

1181 grandfather

մեծ մայր, տատիկ

1182 grandmother

կարծրաքար, կրանիթ

1183 granite

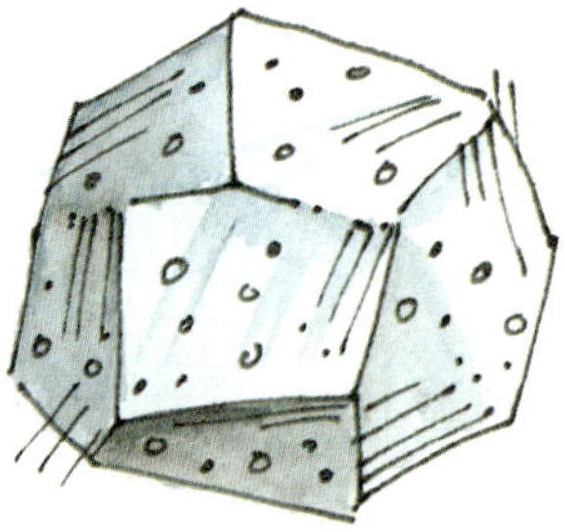

շնորհել

Տասը օրուան արձակուրդ **կը շնորհեմ** քեզի:
Պարիկը երեք ըղձանք պիտի **շնորհէ** քեզի:
I grant you ten days' leave of absence.
The good fairy will grant you three wishes.

1184 to **grant**

խաղողի ողկոյզ մը

1185 grapes

Նարինջի ընտանիքէն պտուղ

1186 grapefruit

Չափագիծ, ցուցագիծ

1187 graph

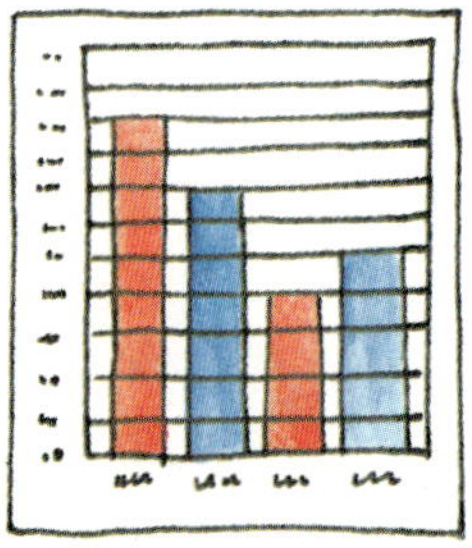

կանաչ **խոտ**

1188 grass

մարախ

1189 grasshopper

քերոց

1190 grater

գերեզման

1191 grave

Ճամբու եզրին թափած **խիճ**

1192 gravel

Խնձորները կ'իյնան **ձգողական** ուժէն:

1193 **Gravity** makes apples fall.

Կովը **կ'արածի:**

1194 to **graze**

Իւղ կը դնէ դրան:

1195 **grease**

հոյակապ խաղալիք մը

1196 a **great** toy

ագահ, անկուշտ

1197 **greedy**

կանաչ

1198 **green**

կանաչ լուբիա

1199 **green bean**

Ջերմոց, ջերմանոց

1200 **greenhouse**

բարեւել, ողջունել

1201 to **greet**

մոխրագոյն

1202 **grey***/**gray**

խորովել

1203 to **grill**

մրոտ, աղտոտ

1204 **grimy**

Գոհ է, ուրեմն **կը ժպտի:**

1205 to **grin**

քաշել, աղալ

1206 to **grind**/to **mince***

Ղեկը **ամուր կը բռնէ:**

1207 to **grip**

ցաւէն **հեծել**

1208 to **groan**

նպարավաճառ

1209 **grocer**

հարս եւ **փեսայ**

1211 **groom**

Ձիապանը ձին կը խնամէ:

1212 **groom**

Մազերը **կը յարդարէ:**

1213 to **groom**

նպարեղէնի գնում

1210 shopping for **groceries**

ակօսիկ, նեղլիկ անցք

1214 groove

տձեւ, անճոռնի բան մը

1215 gross/disgusting*

գետին, հող

1216 ground

արջախոզ

1217 groundhog

մարդոց **խումբ** մը

1218 group

աճիլ, մեծնալ

1219 to grow

մռնչել

1220 to growl

չափահաս մարդ

1221 grown-up

պահպանել

1222 to guard

կռահել, ենթադրել

1223 to guess

Հիւրը ներս կ'առնէ:

1224 guest

Հիւրը **կ'առաջնորդէ** դէպի իր սենեակը:

1225 to guide

յանցաւոր, մեղաւոր

Անին կ'ըսէ, թէ ինքը **յանցաւոր** չէ:
Այս գողութեան մէջ **մեղաւորը** ո՞վ է:
Ani says she is not guilty.
Who is guilty of this theft?

1226 guilty

Հնդկախոզը շատակեր է:

1227 guinea pig

Կիթառ կը նուագէ:

1228 guitar

Մեքսիկոյի **ծոցը**

1229 Gulf of Mexico

Ճայը կ'ապրի ջուրի եզերքը:

1230 gull

Լինտերդ լաւ խոզանակէ:

1231 gum

ծիւթ, ծամոն

1232 gum/chewing gum*

ջրուղի

1233 gutter

գէշ **սովորութիւն** մը

1234 bad **habit**

իշաձուկ

1235 haddock

Կարկուտ կը տեղայ:

1236 hail

Առատ **մազ** ունի:

1237 hair

Մազի խոզանակ

1238 hairbrush

վարսայարդար, սափրիչ

1239 hairdresser

Մազ չորցնող գործիք

1240 hairdryer

Միւս **կէսը** կ'ուզե՞ս:

1241 half

նախասենեակ, սրահ

1242 hall

Հալովինի գիշերը գիրար կը վախցնեն:

1243 Halloween/Hallowe'en*

միջանցք, նրբանցք

1244 hallway/corridor*

կեցնել

1245 to **halt**

մուրճ

1246 hammer

մրճահարել

1247 to **hammer**

կախորրան

1248 hammock

արջամուկ

1249 hamster

ձեռք

1250 hand

յանձնել, բաշխել

1251 to **hand out**

ձեռքի արգելակ

1252 hand brake

ձեռնակապ

1253 handcuffs

խոչընդոտ, արգելք

Կուրութիւնը ֆիզիքական **խոչընդոտ** մըն է:
Մարդիկ կրնան յաղթահարել որեւէ **խոչընդոտ**:
Being blind is a handicap.
People can overcome any handicap.

1254 handicap

բռնակ

1255 handle

բազրիք

1256 handrail

վայելուչ անձ մը

1257 handsome

Ճարտար անձը ամէն տեսակի գործ կ՚ընէ:

1258 handy person

Նկարը ուղիղ **կախէ՛**:

1259 to hang

Չուանին **կը կառչի**:

1260 to hang on

օդանաւի կառատուն

1262 hangar

կախիչ, հագուստ **կախելիք**

1263 hanger

թաշկինակ

1264 handkerchief

Հագուստը **կը կախէ**:

1261 to hang up

Արկածները **կը պատահին**:

1265 Accidents happen.

Տղան **երջանիկ** է:

1266 He is happy.

Նաւը **նաւահանգիստ** հասաւ:

1267 harbor/harbour*

Ծառ **կարծր** է:

1268 hard

ճագար

1269 hare

վնասել, ցաւցնել

1270 to harm

երգեհոնիկ, հարմոնիքա

1271 harmonica

ձիուն **երասանակը**

1272 harness

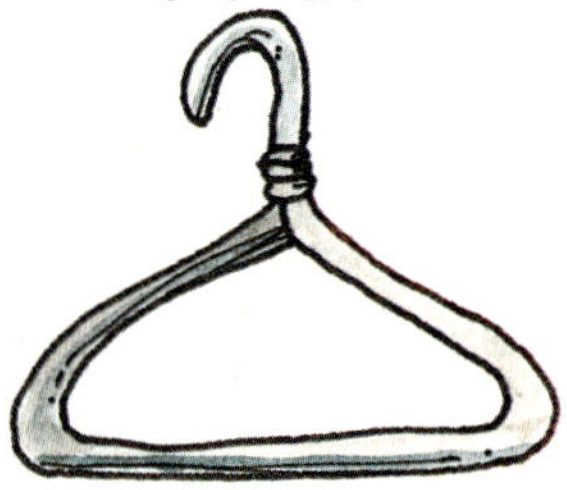

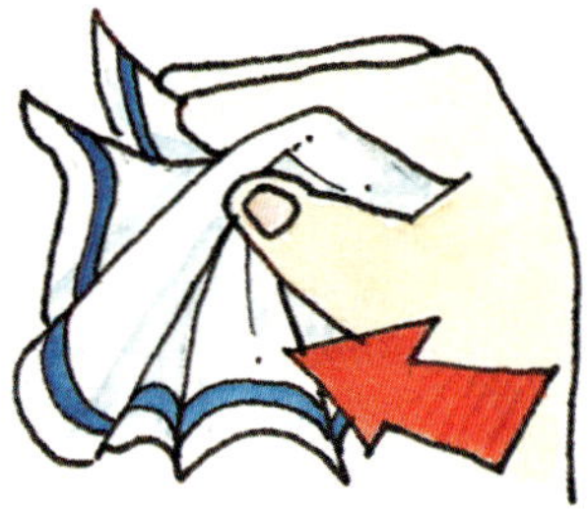

տաւիղ

1273 harp

խիստ ձմեռ մը

1274 a **harsh** winter

Տղան բերքը **կը հնձէ:**

1275 to **harvest**

գլխարկ

1276 hat

Ճուտիկը **հաւկիթէն կ'ելլէ:**

1277 to **hatch**

պզտիկ **կացին**

1278 hatchet

Ան իր բեռը **կը քաշկռտէ:**

1279 to **haul**

ոգիներէ յաճախուած տուն

1280 **haunted** house

Թամարը պուպրիկ մը **ունի:**

1281 to **have**

բազէ

1282 hawk

ձիերու համար **յարդ**

1283 hay

Մշուշէն օդը կը մշուշոտի:

1284 **Haze** makes for a hazy day.

կաղնի

1285 hazel

կաղին

1286 hazelnut

գլուխ

1287 head

Գլխացաւ ունիմ:

1288 I have a **headache.**

գլխու **յենարան**

1289 headrest

բուժուիլ, սպիանալ

1290 to **heal**

առողջ ծաղիկ մը

1291 **healthy** flower

աղբի **կոյտ** մը

1292 heap/pile*

Ձայն մը կը լսեմ:

1293 I **hear** a voice.

սիրտ

1294 heart

տաքցնել

1295 to **heat**

ջեռուցիչ

1296 heater/radiator*

վերցնել, բարձրացնել

1297 to **heave**

դրախտ, երկինք

1298 heaven

ծանր փիղ մը

1299 one **heavy** elephant

Տունկ-ցանկապատը
հա՞րթ է:

1300 hedge

ոզնիի տեսակ մը

1301 hedgehog

կրունկ

1302 heel

ուղղաթիռ, ինքնաթիռ

1303 helicopter

դժոխք

1304 hell

բարեւ, ողջոյն

1305 hello

նաւուն **ղեկը**

1306 helm

Գլխուն **սաղաւարտ**
դրած է:

1307 helmet

Տիկինը կը սիրէ **օգնել:**

1308 to **help**

անօգնական մանկիկ մը

1309 helpless

քղանցք

1310 hem

կիսագունդ

1311 hemisphere

հաւ

1312 hen

Եօթնանկիւնը եօթը կողմ ունի:

1313 heptagon

խոտեր, բոյսեր

1314 herbs

կովերու **նախիր** մը

1315 herd

Հոս եկո՛ւր:

1316 Come here!

Ճգնաւորը կ'ապրի առանձին:

1317 hermit

հերոս

1318 hero

հերոսուհի

1319 heroine

տառեխ

1320 herring

Հայկ **կը տատամսի:**

1321 to hesitate

Վեցանկիւնը վեց կողմ ունի:

1322 hexagon

Ձմեռնաքունի մէջ է:

1323 to hibernate

Կլթիկ ունի:

1324 to hiccup/hiccough*

մորթ, կաշի

1325 hide

պահուըտիլ

1326 to hide

թաքստոց

1327 hiding-place

բարձր լեռ մը

1328 a high mountain

բարձրաալաց շէնք մը

1329 highrise/tower block*

երկրորդական վարժարան

1330 high school/secondary school*

ճեպուղի, մայրուղի

1331 highway/motorway*

Օդանաւը **բռնագրաւեր** է:

1332 to hijack a plane

Բլուրը պզտիկ լեռ է:

1333 hill

ծխնի

1334 hinge

ետեւի ոտքերը

1335 hind legs

Ձեռքը **կոնքին** դրած է:

1336 hand on **hip**

գետաձի

1337 hippopotamus

Պատմութիւն կը սորվիմ:

1338 I study **history.**

զարնել, հարուածել

1339 to **hit**

մեղուներու **փեթակ**

1340 hive

մթերել, հաւաքել

1341 to **hoard**

խռպոտ ձայն

1342 **hoarse** voice

իր նախասիրած **ժամանցը**

1343 hobby

ճոկանախաղ, հոքի

1344 hockey/ice hockey*

մարկեղ, բրիչի տեսակ մը

1347 hoe

Անին փիսիկը **կը բռնէ:**

1348 to **hold**

Հիմա՝ բռնի **վար կը դնէ:**

1349 to **hold down**

ճոկանաքար

1345 hockey puck

ծակ

1350 hole

ծովեզերեայ **արձակուրդ**

1351 holiday

խոռոչաւոր ծառ

1352 **hollow** tree

ճոկան

1346 hockey stick

ժանտափուշ եւ իր պտուղը
1353 holly

Հնդկաստանի մէջ **սուրբ** նկատուած կովեր կան:
1354 a **holy** cow

Սկիւռները **տունն** են:
1355 home

տնային աշխատանք
1356 homework

Տղան **պարկե՞շտ** է:
1357 Is he **honest?**

Արջը **մեղր** կը սիրէ:
1358 honey

մեղրախորիսխ, խորիսխ
1359 honeycomb

մեղրահամ սեխ
1360 honeydew melon

ճչակել, շչակել
1361 to **honk**

Ծրջանաւարտ ըլլալը **պատիւ** մըն է:
1362 honor/honour*

Վերարկուն **գլխանոց** ունի:
1363 hood

ինքնաշարժի **կափարիչ**
1364 hood/bonnet*

ձիու **սմբակ**
1365 hoof

կարթ, կեռ
1366 hook

Ծրջանակին մէջէն ցատկէ:
1367 jump through a **hoop**

ցատկռտել, ոստոստել
1368 to **hop**

Կը յուսամ շահիլ:
1369 I **hope** to win.

անյոյս պարագայ
1370 hopeless

ցատկախաղ
1371 hopscotch/hop-scotch*

Արեւը կը ծագի **հորիզոնէն**:
1372 horizon

հորիզոնական դիրք

1373 horizontal

ճչակ, ազդարարիչ

1374 horn

դաշնափող

1375 French **horn**

կոտոշ

1376 horn

Իշամեղուն կը խայթէ:

1377 hornet

ձի, նժոյգ

1378 horse

Վայրի բողկը կծու է:

1379 horseradish

ձիու **պայտ**

1380 horseshoe

ջրելու **խողովակ**

1381 hose

հիւանդանոց

1382 hospital

Օդը շատ **տաք** է:

1383 hot

Ճաշը **կծու** է:

1384 hot

Ճամբորդը **պանդոկ** կ'իջնէ:

1386 hotel

Մէկ **ժամը** 60 վայրկեան է:

1387 hour

Աւազեայ ժամացոյց

1388 hourglass

կծու պղպեղ

1385 hot pepper

տուն, բնակարան

1389 house

օդասահ նաւ

1390 hovercraft

Ինչպէս ընելը ցուցնեմ:

1391 I will show you **how.**

ոռնալ

1392 to howl

անիւի վահան

1393 hub cap

մրտենի, կապուտահատ

1394 huckleberry

խռնուիլ

1395 to huddle

վիթխարի, հսկայ

1396 huge

նաւուն մարմինը

1397 hull

մեղրածուծ թռչունը

1398 hummingbird

սապատ

1399 hump

հարիւր

1400 hundred

Աղջիկը **անօթի** է:

1401 She is hungry.

որսալ

1402 to hunt

արձակել, նետել

1403 to hurl

թաթառ

1404 hurricane

աճապարել, շտապել

1405 to hurry

Դաստակս **կը ցաւի**:

1406 My wrist hurts.

ամուսին եւ կին

1407 husband

հիւղ, հիւղակ

1408 hut

ճաշարանի **պահարան**

1409 hutch/sideboard*

սմբուլ, յակինթ

1410 hyacinth

Օրհներգ մը կ'երգեն:

1411 hymn

զօդագիծ

Զօդագիծը գծիկ մըն է՝ միասին գործածուած բառերու միջեւ:

Hyphens are short lines between words that belong together.

1412 hyphen

սառի կտոր մը

1413 ice

պաղպաղակ

1414 ice cream

սառցաժայռ, սառցալեռ

1415 iceberg

սառցալեզուակ,
կախուած սառի կտոր

1416 icicle

շաքարազարդում

1417 icing

փայլուն **գաղափար** մը

1418 idea

նոյնանման
երկուորեակներ

1419 identical twins

ապուշ, տխմար

1420 idiot

անգբաղ, ծոյլ

1421 idle

եթէ

Եթէ կարենայի՝ քեզի համար
կը գնէի ատիկա:
I would buy it for you if I could.

1422 if

իկլու, սառոյցէ տուն

1423 igloo

մեքենան աշխատցնող
բանալի

1424 ignition key

հիւանդ, անհանգիստ

1425 ill

լուսաւորել, լոյս տալ

1426 to illuminate

նկար

Այս բառարանը բազմաթիւ
նկարներ կը պարունակէ:
This dictionary has many
illustrations.

1427 illustration

կարեւոր

Ասիկա **կարեւոր** հարց մըն է:
This is an important matter.

1428 important

ներսը, մէջ

Արան **նե՞րսն** է:
Գնա՛, լիճին **մէջ** ցատկէ՛:
Is Ara in?
Go jump in the lake!

1429 in

խունկ

1430 incense

Տասներկու **մատնաչափը**
մէկ ոտնաչափ է:

1431 inch

բառացանկ, անուանացանկ

Գրքին ետեւը **բառացանկ** մը կայ:
Բառացանկը կը ներառէ այս բառարանին բոլոր բառերը:
There is an index at the back of the book.
The index contains all the words in this dictionary.

1432 index

լեղակագոյն

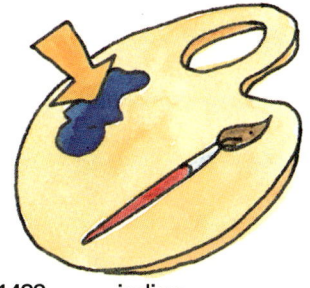

1433 indigo

ներսը, տունէն ներս

1434 indoors

նորածին

1435 infant

վարակ, վարակում

1436 infection

վարակիչ, փոխանցիկ

Անոր հիւանդութիւնը **վարակիչ** է:
Փոխանցիկ հիւանդութիւն մը կրնաս առնել:
Her condition is infectious.
You could catch an infectious disease.

1437 infectious

տեղեկացնել, հաղորդել

1438 to inform

Արջը **կը բնակի** քարայրի մէջ:

1439 The bear **inhabits** a cave.

անուան **սկզբնատառեր**

1440 initials

ներարկում, սրսկում

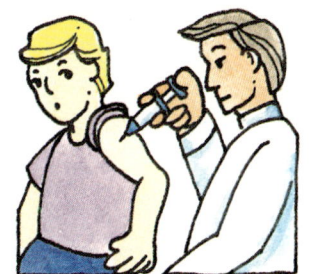

1441 injection

Վէրքը կ'արիւնի:

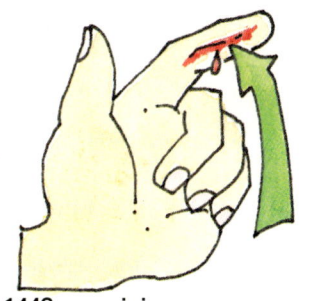

1442 injury

մելան

1443 ink

միջատ մը

1444 insect

տուփին **մէջը**

1445 inside

Կը պնդեմ, որ լոգնաս:

1446 to **insist**

քննել, զննել

1447 to **inspect**

Պատառաքաղի **փոխարէն** դգալ գործածէ:

1449 Use a spoon **instead** of a fork!

ցուցմունք, բացատրութիւն

1450 instruction

սորվեցնող, ուսուցիչ

1451 instructor

քննիչ

1448 inspector

insulation 1452-1471

մեկուսացուցիչ

Ելեկտրական թելերու շուրջ **մեկուսացուցիչ** կը դնեն, որպէսզի մարդիկ ցնցում չունենան:

There is insulation around the wires, so people will not get a shock.

1452 insulation

քառուղի, խաչմերուկ

1453 intersection/crossroads*

հարցազրոյց

1454 interview

Սենեակէն **ներս** կը մտնէ:

1455 into the room

ներկայացնել, ծանօթացնել

1456 to introduce

արշաւել, ներխուժել

1457 to invade

հաշմանդամ

1458 invalid

հնարել

1459 to invent

անտեսանելի մարդը

1460 invisible

Մարին **հրաւէր** մը ստացաւ:

1461 invitation

Ան **կը հրաւիրէ** Մարին:

1462 He is inviting her.

հիրիկ ծաղիկը

1463 iris

Իր հագուստը **կ'արդուկէ:**

1464 to iron

արդուկ

1465 iron

երկաթէ դիմակ

1466 iron mask

կղզի

1467 island

քերուըտուք

Անիին վրայ **քերուըտուք** եկաւ թունաւոր բոյսէն:

Ani got a bad itch from poison ivy.

1468 itch

քերել, քերուըտիլ

1469 to itch

Մորթս **կը քերուըտի**:

1470 My skin is itchy.

Բաղեղը ծածկած է պատը:

1471 ivy

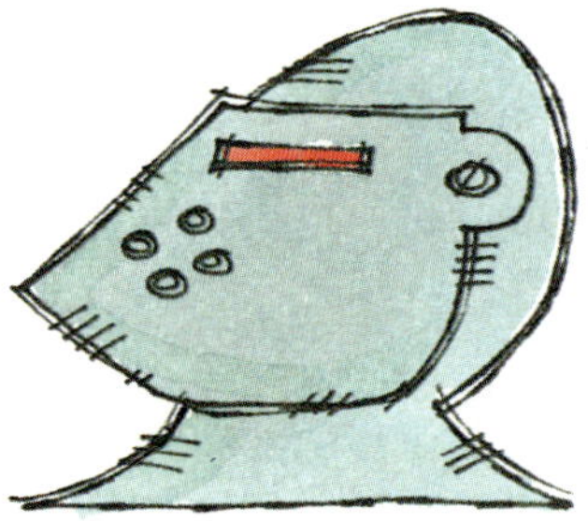

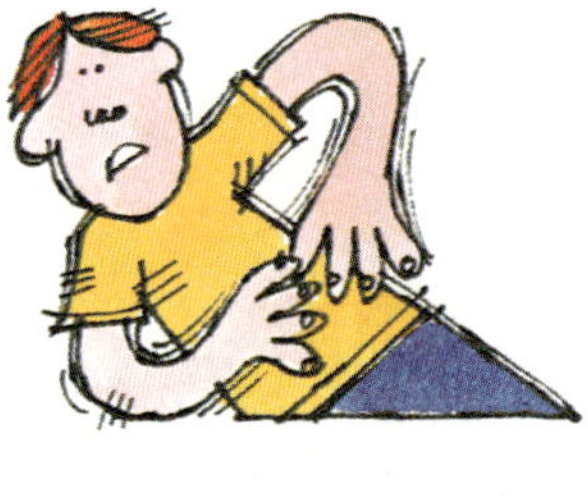

Արմունկով կողս **կը մշտէ:**

1472 to **jab**

Բաճկոնը իր չափի՞ն է:

1473 **jacket**

գրքին **շապիկը**

1474 dust **jacket**

ժանիքաւոր եզերք

1475 **jagged** edge

բանտ

1476 **jail/gaol***

անուշ

1477 **jam**

ճզմել

1478 to **jam**

Յունուար՝տարուան առաջին ամիսը

1479 **January**

Անօթ, լայն մարմնով շիշ

1480 **jar**

շանաձուկին **երախը**

1481 **jaw**

ճինզ տաբատ

1482 **jeans**

ճիփ ինքնաշարժ

1483 **jeep**

դոնդող

1484 **jelly**

ինքնամուղ շարժակ

1485 **jet** engine

ինքնամուղ օդանաւ

1486 **jet** plane

թանկագին **գոհար** մը

1488 **jewel**

բարդ **հանելուկ-խաղ**

1489 **jigsaw puzzle**

գործ մը ընել

1490 doing a **job**

ջուրի **ցայտք**

1487 **jet** of water

Ձիավարը մրցումի մէջ է։

1491 jockey

դանդաղ **վազք**

1492 to jog

Ծայրերը **կը միացնէ։**

1493 to join

արմունկի **յօդ**

1494 joint

անհամ **կատակ** մը

1495 joke

Դատաւորը կը վճռէ։

1496 judge

ձեռնածու

1497 juggler

հիւթ, պտղահիւթ

1498 juice

Յուլիսին կը լողան։

1499 July

Գորտը **կը ցատկէ։**

1500 to jump

Ջուրին **մէջ կը ցատկէ։**

1501 to jump in

Ժայռին **վրայ կը ցատկէ։**

1502 to jump on

Լեւոնը վարժ **ցատկող** է։

1503 jumper

գոգնոց-հագուստ

1504 jumper/pinafore*

շարժական
հաղորդալարեր

1505 jumper cables/jump leads*

Յունիսը հաճելի ամիս է։

1506 June

անտառ

1507 jungle

չինական **առագաստանաւ**

1508 junk

նետուելիք բաներ

1509 junk

ճիշդ, արդար

Անին **ճիշդ** հիմա հասաւ տուն։
Դատաւորը **արդար** անձ մըն է։

Ani just got home.
The judge is a just person.

1510 just

K

հայելացոյց

1511 kaleidoscope

քանկուրու, ագեվազ

1512 kangaroo

նաւուն **ողնափայտը**

1513 keel

Չալոյին **տնակը**

1514 kennel

հատիկ

1515 kernel

ջուր **տաքցնելիք աման**

1516 kettle

բանալի

1517 key

ոտքով զարնել

1518 to kick

երեխայ, փոքր տղայ

1519 kid

Ուլիկը այծին ձագն է:

1520 kid

առեւանգել, փախցնել

1521 to kidnap

երիկամունք

1522 kidney

մեռցնել,սպաննել

1523 to kill

բրուտին **փուռը**

1524 kiln

1 **քիլոկրամ** = 1000 կրամ

1525 kilogram

1 **քիլոմեթր** = 1000 մեթր

1526 kilometer/kilometre*

սկովտիական փէշ

1527 kilt

Շրջազգեստը հագուստի **տեսակ** մըն է:

1528 A dress is a **kind** of garment.

Ազնիւ աղջիկ է:

1529 kind girl

թագաւոր
1530 king

աղկիոն թռչուն
1531 kingfisher

լրագրավաճառի **կրպակ**
1532 kiosk

չորցած տառեխ ձուկ
1533 kippers

համբուրել
1534 to kiss

Համբոյր մը տուր:
1535 kiss

խոհանոց
1536 kitchen

թռուցիկ
1537 kite

կատուի ձագ
1538 kitten

քիուի պտուղ
1539 kiwi

ծունկ
1540 knee

ծնրադրել
1541 to kneel

դանակ
1542 knife

Հիւսել գիտե՞ս:
1543 to knit

դուռի **բռնակ**
1544 knob

դուռը **զարնել, թակել**
1545 to knock

հանգոյց
1546 knot

գիտնալ, ճանչնալ

Գիտե՞ս թէ ատիկա ինչ կը նշանակէ:
Քեզ չեմ **ճանչնար**:
Do you know what it means?
I don't know you

1547 to know

յօդ, մատնոսկր
1548 knuckle

Քոալա արջը կ'ապրի Աւստրալիոյ մէջ:
1549 koala bear

L

Պիտակը վտանգի նշան կը կրէ:

1550 label

տարրալուծարան

1551 laboratory

ժանեակէ օձիք

1552 lace

շարժական սանդուխ

1554 ladder

ապուրի **շերեփ**

1555 ladle

տիկին մը

1556 lady

Կօշիկին կապը **կը կապէ:**

1553 to lace

զատկաճճի միջատը

1557 ladybug/ladybird*

բարակ **կարկանդակներ**

1558 ladyfingers

գազանին **որջը**

1559 lair

Լիճը շրջապատուած է ցամաքով:

1560 lake

գառնուկ

1561 lamb

Իշուկին ոտքը **կաղ** է:

1562 lame

լապտեր, լուսամփոփ

1563 lamp

լապտերասիւն

1564 lamp-post

նիզակ

1565 lance

հող, ցամաք, գետին

1566 land

վայրէջք կատարել

1567 to land

սանդխահարթակ

1568 landing

տանտէր

Ձեր յարկաբաժինին **տանտէրը** ո՞վ է:
Ամէն ամիս վարձք կը վճարենք **տանտիրոջ**:

Who is the landlord of your apartment?
We pay our landlord rent every month.

1569 landlord

մայրուղիի **անցք**

1570 lane

լեզու

Քանի՞ **լեզու** կը խօսիս:
Հայերէնը Անիին մայրենի **լեզուն** է:

How many languages can you speak?
Armenian is Ani's first language.

1571 language

պաշտպանուած **լապտեր**

1572 lantern

մօր **գիրկը** նստած մանուկ

1573 lap

կուենի ծառը

1574 larch

իւղ, ճարպ

1575 lard

մեծ, մեծղի

1576 large

արտոյտ թռչունը

1577 lark

թարթիչ, արտեւանունք

1578 lash

վերջին կտորը

1579 the **last** piece

Որոշ բաներ **կը տեւեն**:

1580 Some things do **last.**

դրան **մղլակը**

1581 to **latch**

Ուշ հասար, **ուշացար**

1582 You are **late.**

օճառի **փրփուր**

1583 **lather**

խնդալ

1584 to **laugh**

Նաւակը կ'երերայ:

1585 launch

Հրթիռը **կ'արձակեն**:

1586 to launch

արձակման հարթակ

1587 launchpad

լուացուելիք ճերմակեղէն

1588 laundry/washing*

լուացքը՝ լուացատան մէջ:

1589 laundry/launderette*

անուշաբոյր **հուսամ**

1590 lavender

Օրէնքը յարգէ՛:

1591 Obey the law!

դալարուկ, պարտէզի **կանաչ խոտ**

1592 lawn

տեղաւորել, զետեղել

1594 to lay tiles

շերտ առ **շերտ** դրուած

1595 layer upon layer

Մարդը **ծոյլ** է:

1596 He is lazy.

մարգախուզիչ

1593 lawn mower

Տղան **կ'առաջնորդէ** ձին:

1597 to lead

խումբին **առաջնորդը**

1598 leader

տերեւ

1599 leaf

կաթիլ, ծորիլ

1600 to leak

Աշտարակը **կը հակի:**

1601 to lean

Կարդալ **կը սորվիմ:**

1602 I learn to read.

շնակապ, վզակապ

1603 leash/lead*

կաշիէ շինուած կօշիկներ

1604 Shoes are made of leather.

Ծրարը հոս **կը ձգեմ:**

1605 to leave

մեկնիլ, երթալ

1606 to leave

պատուհանի ցից **եզր**

1607 ledge of a window

պրաս բանջարեղէնը

1608 leek

դէպի **ձախ**

1609 left

Տղան **ձախլիկ** է:

1610 He is left-handed.

սրունք

1611 leg

Կիկլոպներու **առասպելը**

1612 legend

կիտրոն, լեմոն

1613 lemon

կիտրոնի հիւթ, օշարակ

1614 lemonade

Գիրքը **փոխ կու տայ:**

1615 to lend

ոսպնեակ

1616 lens

ընձառիւծ

1617 leopard

մէջք հասնող **գուլպայ**

1618 leotard

Հոս՝ **նուազ** կայ:

1619 There is less here.

Տղան **դաս** կ'առնէ:

1620 lesson

Ձգէ՛, որ երթամ:

1621 Let me go!

Այբուբենի **տառ** մը

1622 letter of the alphabet

Նամակ մը ստացայ:

1623 letter

հազար

1624 lettuce

հարթ մակերես

1625 level surface

լծակ

1626 lever

ստախօս խամաճիկին պատիժը

1627 liar

գրադարան

1628 library

արտօնաթիւ

1629 licence plate/number plate*

լզել

1630 to lick

շիշի **կափարիչ**

1631 lid

Գիտենք, որ ան **կը ստէ**:

1632 to lie

Իր **կեանքը** սկսաւ:

1634 life

փրկութեան նաւակ

1635 lifeboat

վերցնել, բարձրացնել

1636 to lift

պառկիլ, երկարիլ

1633 to lie down

Լամպը **լոյս** կու տայ:

1637 light/table lamp*

Ան **կը վառէ** մոմը:

1638 to light

ելեկտրալամպ

1639 lightbulb

Բեռը **կը թեթեւցնէ**:

1640 She **lightens** the load.

փարոս

1641 lighthouse

կայծակ, շանթ **շանթարգել**

1642 lightning 1643 lightning rod

Սոնա **կը սիրէ** կատուն:

1644 to like

հաւանական, ճշմարտանման

Հաւանական չէ, որ Արփին վաղը գայ:
Ասիկա **ճշմարտանման** պատմութիւն մըն է:
Arpi is not likely to come tomorrow.
This is a likely story.

1645 likely

Լելակը կը ծաղկի գարնան:

1646 lilac

դեղին **շուշան**

1647 lily

ծառի **ճիւղ** մը

1648 limb

կանաչ կիտրոն

1649 lime

սահման

Արագութեան **սահմանն** է՝ ժամական 50 քիլոմեթր:
Մօրս բարութիւնը **սահման** չունի:

The speed limit is 50 kilometers per hour.
There is no limit to my mom's kindness.

1650 limit

Մարդը **կը կաղայ**:

1651 to limp

գիծ

Իրապէս ուղիղ **գիծ** մը կրնա՞ս գծել:

1652 line

սաւանեղէն

1653 linen

մարդատար նաւ

1654 liner

Բաճկոնը **աստառ** ունի:

1655 lining

միանալ, միացնել

1656 to link

ծուէն, ծուատ

1657 lint

առիւծ

1658 lion

շրթունք

1659 lips

շրթնաներկ

1660 lipstick

Ջուրը **հեղուկ** մըն է:

1661 liquid

ընելիքներու **ցանկ** մը

1662 list

Անոնք **կ'ունկնդրեն**:

1663 They are **listening.**

մէկ **լիթր**

1664 liter/litre*

աղբ թափթփել

1665 to litter

պզտիկ խնձոր մը

1666 a little apple

ապրիլ

Անին **կ'ապրի** քաղաքին մէջ:
Դժուար պիտի ըլլար **ապրիլ** լուսնին վրայ:

Ani lives in the city.
It would be difficult to live on the moon.

1667 to live

կենսունակ, աշխուժ

1668 lively

նստասենեակ 1669 living room/lounge*	**մողէզ** 1670 lizard	Ան **կը լեցնէ** թնդանօթը։ 1671 to load	**բեռցնել** 1672 to load
մեծ **հաց, նկանակ** 1673 loaf	**փոխ տալ** Սեւակը դրամ **փոխ տուաւ** Անիին, որովհետեւ Անին ծախսած էր իր շաբաթական յատկացումը։ Sevak loaned Ani some money because she had spent her allowance. 1674 to loan/lend*	**խեցգետին** 1675 lobster	**կղպել** 1676 to lock
վայրաշարժ 1678 locomotive	**մարախ, մորեխ** 1679 locust	լեռնային **տնակ** 1680 lodge/chalet*	**կղպանք** 1677 lock
ձեղնայարկ 1681 loft	կտրուած **կոճղ, գերան** 1682 log	ձողիկով **շաքարեղէն** 1683 lollipop	**մինակ, առանձին** 1684 lonely
ընձուղտին **երկար** վիզը 1685 long	**նայիլ, դիտել** 1686 to look	հիւսքի **կարկահ** 1687 loom	**հանգոյց** 1688 loop

թոյլ, լայն

1689 loose

կորսնցնել

1690 to lose

օծանելիք

1691 lotion

բարձրաձայն նուագ

1692 loud

բարձրախօս

1693 loudspeaker

ծոյլ-ծոյլ **երկննալ**

1694 to lounge

սէր

Սէրը շատ կարեւոր բան է:
Անին կ'ըսէ, թէ հոն ուր **սէր** կայ՝ ամէն ինչ կ'ըլլայ:

Love is very important.
Ani says that if you have love you have everything.

1695 love

Զիրար **կը սիրեն:**

1696 to love

սիրուն, անուշիկ

1697 lovely

ցած բուսած ճիւղ

1698 low branch

իջեցնել

1699 to lower

բախտաւոր

Կարօն շատ **բախտաւոր** է, որ բանակումի կ'երթայ:
Անին **բախտաւոր** է, որ այսպէս անուշիկ փոքր եղբայր մը ունի:

Garo is very lucky to be sent to camp.

Ani is lucky to have such a cute little brother.

1700 lucky

ճամբրուկ,
ճամբու **պայուսակ**

1701 luggage

Գաղջ ջուրը ոչ տաք է եւ ոչ ալ պաղ:

1702 lukewarm water

Մայրը **օրօր** կ'երգէ:

1703 lullaby

տախտակ

1704 lumber/timber*

ուռեցք

1705 lump

կէսօրուան ճաշ

1706 lunch

ճաշաման

1707 lunchbox

թոք

1708 lung

պարբերաթերթ, հանդէս

1709 magazine

լպրծուն **որդ**

1710 maggot

անսովոր
աճպարարութիւն

1711 magic

մագնիս

1713 magnet

փառահեղ առիւծ մը

1714 magnificent

խոշորացոյց

1715 magnifying glass

աճպարար

1712 magician

կաչաղակ

1716 magpie

թղթատարին յանձնել

1717 to mail/post*

նամակաբաշխ

1718 mail carrier/postman*

ընել, շինել

1719 to make

շպար, երեսի ներկ

1720 makeup

արու եւ էգ

1721 male

թակիչ

1722 mallet

մարդ եւ կին

1723 man

մանտարին պտուղը

1724 mandarin

Մանտոլին կը նուագէ:

1725 mandolin

բաշ, ձիուն վզի մազը

1726 mane

Մանկա պտուղը քաղցր է:

1727 mango

Քաղաքավար մարդ է:

1728 He has good **manners**.

բազմաթիւ, շատ

1729 many

քարտէս

1730 map

մարմար քար

1731 marble

քալել

1733 to march

Մարտ ամիսը

1734 March

մատակ, էգ ձի

1735 mare

գնդիկներ

1732 marbles

դեղին **վաղենիկ**

1736 marigold

նշել, նշան դնել

1737 to mark

Շատ լաւ **նիշ** առեր ես:

1738 mark

պտուղի **շուկայ**

1739 market

ամուսնանալ

1740 to marry

ճահիճ

1741 marsh

գետնախնձոր **ճզմել**

1742 to **mash** potatoes

դիմակ

1743 mask

ծանրութիւն, զանգուած

1744 mass

Նաւակը **կայմ** ունի:

1745 mast

Ան **կը տիրապետէ** ղեկին:

1746 to master

թէնիսի մրցում մը

1747 match

լուցկի

1748 match

թուաբանութիւն

1749 mathematics

հարց, բան

Հարցը ի՞նչ է:
Բան չկայ, պարզապէս տխուր է:

What is the matter?
Nothing is the matter, he just looks sad.

1750 matter

անկողինի **ներքնակ**

1751 mattress

Մայիս ամիսը

1752 May

թերեւս

Թերեւս մաման գիտէ:
Պատասխանը այո կամ ոչ չէ, այլ՝ **թերեւս**:

Maybe mother knows.
The answer is not yes or no, it is maybe.

1753 maybe

քաղաքապետ

1754 mayor

լաբիւրինթոս

1755 maze

մարգագետին, դաշտագետին

1756 meadow

տարմահաւ թռչունը

1757 meadowlark

ճաշ

1758 meal

անպիտան անձ մը

1759 mean person

Անին **հարսանիթ** ունի:

1760 measles

չափել

1761 to measure

միս

1762 meat

մեքենագործ

1763 mechanic

պատուանշան, շքանշան

1764 medal

Բժիշկը **դեղ** տուաւ:

1765 medicine

միջակ, միջին

1766 medium

հանդիպիլ

1767 to meet

ժողով, հանդիպում

1768 meeting

սեխ

1769 melon

Սառը **կը հալի**:

1770 to melt

Մեր խումբը չորս **անդամ** ունի:

1771 Our club has four **members.**

ճաշացուցակ

1772 menu

գութ

Աւազակը ոեւէ մէկուն հանդէպ **գութ** չունեցաւ:

The bandit showed no mercy to anyone.

1773 mercy

ծովանոյշ, ծովահարս

1774 mermaid

ուրախ, զուարթ

1775 merry

խառնիճաղանճ

1776 a real **mess**

պատգամ, գրութիւն, լուր

1777 message

պատգամաբեր, լրաբեր

1778 messenger

մետաղ

1779 metal

երկնաքար մը

1780 meteorite

չափացոյց, հաշուիչ

1781 meter

մէկ **մեթր** = 40 փթաչափ

1782 meter/metre*

միջոց, մեթոտ

Անին՝ շուտ սորվելու **միջոց** մը գիտէ:
Մեթոտը՝ բաներ ընելու ձեւն է:

Ani has a method for learning quickly.
A method is a way of doing things.

1783 method

չափահար

1784 metronome

բարձրախօս

1785 microphone

մանրադիտակ

1786 microscope

մանրալիքային փուռ

1787 microwave oven

կէսօր, միջօրէ

1788 midday

մէջտեղ, միջեւ

1789 in the **middle**

թզուկ, գաճաճ

1790 midget

կէս գիշեր

1791 midnight

մղոն

Մէկ **մղոնը** հաւասար է 1.6 քիլոմեթրի:
One mile equals 1.6 kilometers.

1792 mile

կովէն կթուած **կաթ**

1793 milk

ջրաղաց, ջաղացք

1794 mill

Փայլուն **միտք** ունի:

1795 mind

հողի տակ **հանք**

1796 mine

հանքագործ

1797 miner

հանքանիւթեր

1798 minerals

խարակաձուկ

1799 minnow

անանուխ

1800 mint

նուազ, պակաս, հանում

1801 minus

Վաթսուն **վայրկեան** = մէկ ժամ

1802 minute

ձախողած **հրաշք** մը

1803 miracle

անապատային **կրկներեւոյթ**

1804 mirage

հայելի

1805 mirror

կծծի, ժլատ մարդ մը

1806 miser

Ընտանիքս **կը կարօտնամ:**

1807 to miss

հրթիռ

1808 missile

մառախուղ, մշուշ

1809 mist

ճուշի ծառ

1810 mistletoe

թաթպան, ձիւնի **ձեռնոց**

1811 mittens

իրարու **խառնել**

1812 to mix

իրարու **խառնող գործիք**

1813 mixer

ջուրով լեցուած **խրամ**

1814 moat

ծաղրել, վրան խնդալ

1815 to mock

ծաղրուկ, ծաղասարեակ

1816 mockingbird

մանրօրինակ օդանաւ, **նմուշ, նախատիպ**

1817 model airplane/aeroplane*

արդիական աթոռ

1818 modern chair

Թաց շորիկով կը ժպտի՞ն:

1819 moist

խլուրդ

1820 mole

Երեսին վրայ **խալ** ունի:

1821 mole

Խնդրեմ՝ **վայրկեան** մը:

1822 One moment please.

Երկուշաբթի

Երկուշաբթին շաբթուան առաջին օրն է:

Monday is the first day of the week.

1823 Monday

դրամ

1824 money

կապիկ

1825 monkey

հրեշտակաձուկ

1826 monkfish

հրէշ, ճիւաղ

1827 monster

Տարին 12 **ամիս** ունի:

1828 month

յուշարձան

1829 monument

Տրամադրութիւնը լաւ է:

1830 He is in a good **mood**.

Տրամադրութիւնը գէշ է:

1831 He is in a bad **mood**.

լուսին, կիսալուսին

1832 moon

եղջերուի տեսակ մը

1833 moose

առտու, առաւօտ

1834 morning

սանդ եւ թակիչ

1835 **mortar** and pestle

խճանկար

1836 mosaic

մժեղ

1837 mosquito

մամուռ

1838 moss

մայր

1839 mother

ելեկտրական **շարժակ**

1840 motor

շարժանիւ

1841 motorcycle

կաղապար

1842 mould*/mold

հողակոյտ

1843 mound

ձի **հեծնել**

1844 to **mount**

լեռ, սար

1845 mountain

մուկ

1846 mouse

փառահեղ **պեխ**

1847 moustache*/mustache

բերան

1848 mouth

Խխունջը դանդաղ **կը շարժի:**

1849 to move

Ճօճանակի **շարժում**

1850 movement

շարժանկար

1851 movie/film*

խոտը **խուզել**

1852 to mow the lawn

Չափէն **աւելի** ունիմ:

1853 too much for me

ցեխ

1854 mud

ջորի

1855 mule

բազմապատկել

1856 multiply

խոյլականջ, խոզուկ

1857 mumps

սպաննել, մեռցնել

1858 to murder

մկան, դնդեր

1859 muscle

թանգարան

1860 museum

Թունաւո՞ր **սունկ** է, թէ՝ ուտուելիք:

1861 mushroom

Անին **երաժշտութիւն** կը սիրէ:

1862 music

Անիի մաման **երաժիշտ** է:

1863 musician

Զկնականջը կ'ապրի ծովու մէջ:

1864 mussel

Պէտք է որ ցատկես

1865 You must jump.

մանանեխ

1866 mustard

դունչ, դնչակապ

1867 muzzle

N

գամ, մեխ

1868 nail

եղունգ

1869 fingernail

եղունգ կտրելիք

1870 nail clipper

Երկուքն ալ **մերկ** են:

1872 naked

Իմ **անունս** է...

1873 My name is...

անձեռոց

1874 napkin/serviette*

գամել

1871 to nail

Անցքը շատ **նեղ** է:

1875 too narrow to pass

ազգ, ազգութիւն

1876 nation

բնական

Բնական սնունդը ամենէն առողջարարն է:
Պտուղը **բնական** շաքար կը պարունակէ:

It is healthy to eat natural foods.
Fruit contains natural sugar.

1877 natural

Բնութիւնը գեղեցիկ է:

1878 nature

Անպիտան աղջիկ է:

1879 She is naughty.

նաւարկել

1880 to navigate

մօտ, մօտիկ

1881 near

կոկիկ

1882 neat

անհաճոյ բայց **անհրաժեշտ**

1883 Not pleasant, but necessary.

վիզ

1884 neck

վզնոց, մանեակ

1885 necklace

նեկտար, ծաղիկի հիւթ

1886 nectar

նեկտարին

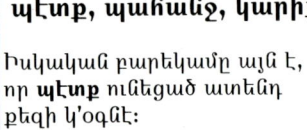

1887 nectarine

պէտք, պահանջ, կարիք

Իսկական բարեկամը այն է,
որ **պէտք** ունեցած ատենդ
քեզի կ'օգնէ:
Ջուրի մեծ **պահանջ** կայ
անապատի մէջ:

A friend in need is a friend indeed.
There is a great need for water in the desert.

1888 need

Ջուրի **կարիք** ունիմ:

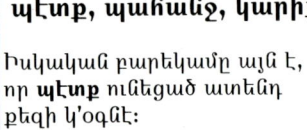

1889 I need water.

ասեղ եւ թել

1890 needle

Ան **կ'անտեսէ** իր շունը:

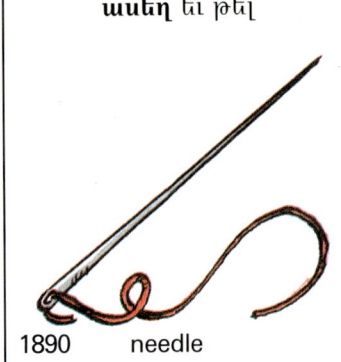

1891 He neglects his dog.

Ձին **կը խրխնջայ**:

1892 to neigh

դրացիներ

1893 neighbors/neighbours*

Ոչ մէկը չափովս է:

1894 neither one fits

նէոնէ նշանակ

1895 neon sign

Եղբօրորդիս է:

1896 My nephew is my brother's son.

Մարմինի ամէն կողմը **ջիղ** կայ:

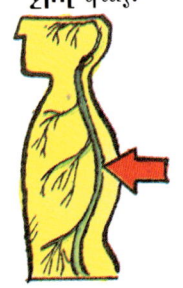

1897 nerve

Արան այսօր **ջղային** է:

1898 nervous

բոյնի մէջ երկու հաւկիթ

1899 nest

Եղինճը մորթ կը կծէ:

1900 nettle

Երբեք չխաղաս կրակի հետ:

1901 Never play with fire!

Նոր գլխարկ մը ունի:

1902 new

լուր, լուրեր

Տունէն **լուր** ունի՞ս:
Մաման **լուրերը** կը կարդայ:

Any news from home?
Mom reads the news.

1903 news

լրագիր, օրաթերթ

1904 newspaper

Յաջո՛րդը:

1905 Next !

կրծել

1906 to nibble

Երկուքէն մէկը **բարի** է:

1907 nice

նիքէլ մետաղը

1908 nickel

ծաղրանուն

Իր անունը Անի է, բայց **ծաղրանուն** կախած են Քամի:

Her name is Ani, but her nickname is Kami.

1909 nickname

Եղբօրս աղջիկն է:

1910 My **niece** is my brother's daughter.

իրիկուն

1911 night

սոխակ

1912 nightingale

մղձաւանջ, գէշ երազ

1913 nightmare

ինը

1914 nine

Պատասխանս՝ **ՈՉ** է:

1916 no

ազնիւ

Սըր Կալահատ **ազնիւ** է եւ վեհանձն:

Sir Galahad is noble and generous.

1917 noble

ազնուական

1918 nobleman

իններորդ

1915 ninth

Ոչ ոք կայ հոս:

1919 nobody

խլացնող **աղմուկ**

1920 noise

Ճիշդ **կէսօր** է:

1921 noon

Հիւսիս

1922 north

Քիթիս վրայ ճանճ կայ:

1923 nose

ընկոյզ

1924 nuts

ընկուզաբեկ, կաղնաբեկ

1925 nutcracker

նայլոն գուլպայ

1926 nylon stockings/tights*

կաղնի

1927 oak

Թիակը ուտելու չափ անօթի շանաձուկ է:

1928 oar

Անապատի մէջ **ովասիս** մը:

1929 oasis

երկարաձեւ

1930 oblong

դիտել

1931 to observe

ովկիանոս

1932 ocean

ութանկիւն

1933 octagon

Հոկտեմբեր՝ տարուան տասներորդ ամիսը

1934 October

ութոտնեայ, ընգղայ

1935 octopus

Ուղեչափ, որ ցոյց կու տայ կտրուած ուղին:

1936 odometer/milometer*

Անտանելի **հոտ** ունի:

1937 odor/odour*

մէկդի, անդին

Խնդրեմ, այդ **աթոռէն** իջի՛ր:
Լոյսը մարած է:
Please get off that chair.
The light is off.

1938 off

Դրամ **կ'առաջարկէ** կովուն համար:

1939 to offer

սպայ

1940 officer

յաճախ, յաճախակի

Աշնան՝ **յաճախ** կ'անձրեւէ:
Պէտք եղածէն աւելի **յաճախ**:

It often rains in the fall.
Often enough!

1941 often

իւղ, քարիւղ

1942 oil

օծանելիք, քսուկ

1943 ointment

ծեր մարդ

1944 old

ձիթապտուղ

1945 olive

Առանց հաւկիթի **ձուածեղ** չ'ըլլար:

1946 omelette

սեղանին **վրայ**

1947 on the table

մէկ անգամ, անգամ մը

Սեդան **մէկ անգամ** միայն ամառնային ճամբար գացած է:
Անին հոս եկաւ **անգամ մը**:
Seta has been to summer camp only once.
Ani came here once.

1948 once

մէկ

1949 one

սոխ

1950 onion

իմ **միակ** սէրս

1951 my only love

բաց դուռ

1952 open

բանալ

1953 to open

գործողութիւն

1954 operation

պարկերէ

1955 opossum

հակառակ, դիմաց

Լաւը գէշին **հակառակն** է:
Արամենց տունը կը գտնուի մեր տան **դիմաց**:
Good is the opposite of bad.
Aram's house is opposite ours.

1956 opposite

կամ, թէ

Դասերդ սորվէ **կամ** ամանները լուա՛:
Տա՞նձ կ'ուզես **թէ**՝ խնձոր:
Study or wash the dishes!
Do you want a pear or an apple?

1957 or

նարինջ

1958 orange

նարնջագոյն

1959 orange

մրգաստան

1960 orchard

նուագախումբ

1961 orchestra

խոլորձ ծաղիկը

1962 orchid

Կ'ուզեմ ճաշս **ապսպրել**:

1963 to order

զուիրակ համեմախոտը

1964 oregano

Երգեհոն կը նուագէ:

1965 organ

ոսկեպատիկ թռչունը

1966 oriole

Ծնողքը գացին՝ **որբ** մնաց:

1967 orphan

ջայլամ

1968 ostrich

ձուկ ուտող **ջրասամոյր**

1969 otter

16 **ունզա** = մէկ լիպրա

1970 ounce

դուրսը, բացօթեայ

1971 outdoors

հագուածք

1972 outfit

հաւկթաձեւ

1973 oval

փուռ

1974 oven

Նաւէն ինկած մա՜րդ...

1975 Man overboard!

վերարկու

1976 overcoat

Ջուրը **կը յորդի:**

1977 to overflow

կրկնակօշիկ

1978 overshoe

գլխիվայր դառնալ, շրջել

1979 to overturn

Պարտիլ

Յարգանք **կը պարտիս** ուսուցիչիդ:
Նախընտրելի է դրամ **պարտք չունենալ:**
You owe respect to your teacher.
It is best not to owe any money.

1980 to owe

բու

1981 owl

ունենալ, տէր ըլլալ

Մեր բնակած տան **տէրն ենք:**
Լիճին եզերքն ալ տնակ մը **ունինք:**
We own our house.
We also own a cottage on the lake.

1982 to own

եզ

1983 ox

թթուածին կը շնչէ:

1984 oxygen

մարգարիտով **ոստրէ**

1985 oyster

ծրարել

1986 to pack

ծրար, կապոց

1987 package

թուղթի **տրցակ**

1988 pad

Նաւակի **թի**

1990 paddle

Թիավարել կը փորձէ:

1991 to paddle

կղպանք, փականք

1992 padlock

հրթիռի **հարթակ**

1989 pad

թուղթի **էջ** մը

1993 page

դոյլ մը ջուր

1994 pail

ներկ

1996 paint

Զգո՛յշ, թաց **ներկ** է:

1997 wet paint

Վիրաւոր այս մատը **ցաւ** կը պատճառէ:

1995 pain

ներկարար

2000 painter

ներկել

1998 to paint

վրձին

1999 paintbrush

գեղանկար, իւղաներկ

2001 painting

զոյգ մը կօշիկ

2002 a pair of shoes

պալատ

2003 palace

Այս ծաղիկը **տժգոյն** է:

2004 pale

երանգապնակ

2005 palette

ձեռքի **ափ**

2006 palm

տապակ, տափակ աման

2007 pan

տափակ կարկանդակ

2008 pancake

փանտա

2009 panda

բաշխատախտակ

2010 panel

բազմափող սրինգ

2011 panpipe

խոկիկ ծաղիկը

2012 pansy

հեւալ

2013 to pant

յովազ

2014 panther

տաբատ

2015 pants/trousers*

փափայա պտուղը

2016 papaya

թուղթ

2017 paper

անկարգել

2018 parachute

տողանցք, շքերթ

2019 parade

զուգահեռական գիծեր

2020 parallel lines

վախէն **անդամալուծուած** մուկ մը

2021 paralyzed/paralysed*

ծրար մը

2022 parcel

Հայրն ու մայրը **ծնողք** են:

2023 parent

հանրային պարտէզ

2024 park

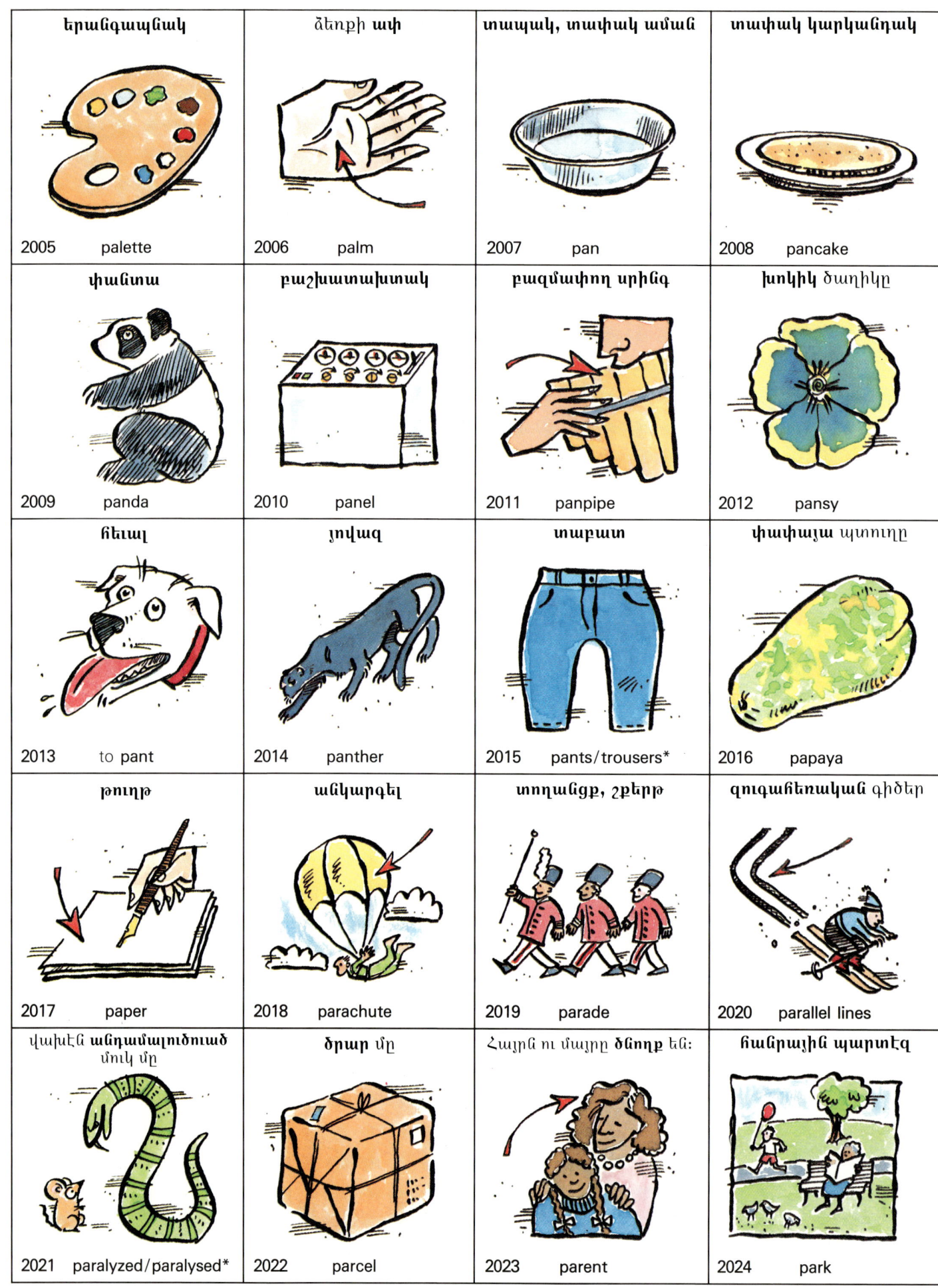

ինքնաշարժը **տեղաւորել**

2025 to park

փարքա՝ գլխանոցով կրկնոց

2026 parka

խորհրդարանի շէնքը

2027 parliament

շատախօս **թութակ** մը

2028 parrot

ազատքեղ

2029 parsley

գազար, վայրի ստեպղին

2030 parsnip

օդին մէջ՝ փոշիի **մասնիկ**

2031 particle

ընկերակից, գործակից

2032 partner

հաճելի **հաւաքոյթ** մը

2033 party

Մարին գնդակ **կը փոխանցէ...**

...Իսկ Արան՝ **կը մարի:**

2034 to pass

2035 to pass out

անցք

2036 passage

ճամբորդ

2037 passenger

անցագիր

2038 passport

անցեալ, անցեալին

Երէկը **անցեալ** է, իսկ վաղը՝ ապագայ:
Անցեալին՝ օդանաւ կամ ինքնաշարժ չկար:
Yesterday is the past, tomorrow is the future.
In the past, there were no planes or cars.

2039 past

թելախմոր

2040 pasta

Պատի թուղթ **փակցնել**

2041 to paste

Ձեռագործը **ժամանց** մըն է:

2042 pastime

խմորեղէն

2043 pastry

արօտավայր

2044 pasture

կարկտան

2045 patch

արահետ, շաւիղ

2046 path

Անին **համբերատար** է:

2047 She is **patient.**

մտահոգ **հիւանդ** մը

2048 patient

կարուձեւի **նախատիպար**

2049 pattern

դադար առնել,
քիչ մը կենալ

Երկու էջ կարդալէ ետք՝ Անին պահ մը **դադար առաւ:**
Շունչ առնելու համար՝ պէտք է **քիչ մը կենամ:**

After reading two pages, Ani paused for a few seconds.
I have to pause for breath.

2050 to pause

սալայատակին վրայ կոխել

2051 pavement/road*

Կատուն քանի՞ **թաթ** ունի:

2052 paw

դրամ **վճարել**

2053 to pay

վճարովի հեռաձայն

2054 pay phone/phone box*

խաղաղութի՜ւն աշխարհին

2055 peace

դեղձ

2056 peach

սիրամարգ

2057 peacock

գագաթ, կատար

2058 peak

զանգի **ղօղանջ**

2059 peal of a bell

գետնապիստակ

2060 peanut

տանձ

2061 pear

մարգարիտ

2062 pearl

ոլոռն

2063 peas

կիզահող

2064 peat moss

խճաքար

2065 pebbles

ընկոյզի տեսակ մը

2066 pecan

կտցահարել

2067 to peck

ոտնակ

2068 pedal

հետիոտն, քալող

2070 pedestrian

քալողներու վերապահուած **անցք**

2071 pedestrian crossing

կեղուել

2072 to peel

ոտնակ դարձնել

2069 to pedal

հաւալուսն թռչունը

2073 pelican

գրիչ

2074 pen

մատիտ

2075 pencil

ճօճանակով ժամացոյց

2076 pendulum

թեւատ թռչնազգին

2077 penguin

գմելի

2078 penknife

հնգանկիւն

2079 pentagon

մարդիկ, ժողովուրդ

2080 people

Սեւ պղպեղ պիտի աղամ:

2081 pepper

անանուխով շաքար

2082 peppermint

ձողաձուկ

2083 perch

թառին վրայ թառած թռչուն

2084 perch

յաջող **կատարում, ելոյթ**

2085 performance

անուշահոտ

2086 perfume

Նախադասութեան աւարտին կը դնենք՝ **վերջակէտ:**

2087 period/full stop*

կապոյտ **կուսածաղիկ**

2088 periwinkle

անձ մը

2089 person

վնասաբեր միջատ

2090 pest

նեղացնել

2091 to pester

իմ **սիրած անասունը**

2092 pet

փերթ, ծաղիկի թերթիկ

2094 petal

ծխածաղիկ, պեկոնիա

2095 petunia

դեղագործ

2096 pharmacist/chemist*

շոյել

2093 to pet

դեղարան

2097 pharmacy/chemist's*

փասիան թռչունը

2098 pheasant

հեռաձայն

2099 phone

լուսանկար

2100 photograph

դաշնակ

2101 piano

զատել, ընտրել

2102 to pick

վերցնել, բարձրացնել

2103 to pick up

բրիչ

2104 pickaxe

վարունգի թթու
2105 pickles

աղած **պահածոյ պատրաստել**
2106 to pickle

դաշտային ճաշ
2107 picnic

նկար, իւղանկար
2108 picture

պտուղով կարկանդակ
2109 pie

բաժին մը, **կտոր** մը
2110 a piece/slice* of pie

իրարու **փակցնել**
2111 to piece together

ծովաթումբ
2112 pier

խոզ
2113 pig

աղաւնի
2114 pigeon

խոզանոց
2115 pigsty

դէզ մը հող
2116 pile

դեղահատ
2117 pill/tablet*

սիւն
2118 pillar

Կատուն **բարձ** կը փնտռէ:
2119 pillow

բարձի երես
2120 pillowcase

օդաչու, վարորդ
2121 pilot

փշտիկ, կոճիծ
2122 pimple

խեչափառի աքցան
2123 pincers

կսմթել
2124 to pinch

եղեւնի, եղեւին

2125 pine

արքայախնձոր, անանաս

2126 pineapple

վարդագոյն

2127 pink

ծխամորճ

2128 pipe

ծերացած **ծովահէն** մը

2129 pirate

պիստակ

2130 pistachio

հին **ատրճանակ** մը

2131 pistol

նետել, արձակել

2132 to pitch

մեղքնալ, խղճալ

Անին **կը մեղքնայ** խեղճ տղուն, որ կորսնցուց իր կատուն:

Ani pities the poor boy who lost his cat.

2136 to pity

տեղ, վայր

Արան մուրճը ետ իր **տեղը** դրաւ:
Տունէն լաւ **տեղ** չկայ:

Ara put the hammer back in its place.
There is no place like home.

2137 place

ասպարաձուկ

2138 plaice

արձակում, նետուածք

Գնդակի **արձակումը** լաւ էր:
Այս դաշնակին թելերը սխալ **լարուած** են:

That was a good pitch.
This piano is off pitch.

2133 pitch

միագոյն, պարզ շապիկ

2139 plain shirt

դաշտ, դաշտագետին

2140 plain

ծրագրել, յատակագծել

2141 to plan

եղան

2134 pitchfork

յղկիչ, տաշիչ

2142 plane

արեւին **մոլորակները**

2143 planets

շերտաձեւ **տախտակ**

2144 plank

կուպր, ասֆալթ

2135 pitch tar

տունկ, բոյս **տնկել**

2145 plants 2146 to plant

ծեփ **ծեփել**

2147 plaster 2148 to plaster

փլաստիկ

2149 plastic

կերպանիւթ

2150 plasticine

պնակ, աման

2151 plate

լեռնադաշտ

2152 plateau

կայարանի **քարափ**

2153 platform

խաղալ **խաղադաշտ, խաղավայր**

2154 to play 2155 playground

խաղաքարտ, խաղի թուղթ

2156 playing cards

խնդրել, աղաչել

2157 to plead

հաճելի օր մը

2158 a **pleasant** day

Հաճի՛ս, գաւաթ մը կաթ տուր:

2159 A glass of milk, **please**.

ծալք

2160 pleat

սրածայր **աքցան**

2161 pliers

գութան

2162 plow/plough*

փետտել

2163 to pluck

ելեկտրական հոսանքի **փոխանցիչ**

2164 plug

խցակ

2165 plug

սալոր

2166 plum

թիթեղագործ, կապարագործ

2167 plumber

գիրուկ

2168 plump

յոգնակի

«Մէկ»ը եզակի է, «շատ»ը՝ **յոգնակի**:
«Մանուկ»ի **յոգնակին** է՝ «մանուկներ»:

"One"is singular, "many" is plural.
The plural of "child" is "children".

2169 plural

Մէկ **առաւել** մէկ կ'ընէ...

2170 plus

շերտ առ շերտ փակցուած **տախտակ**

2171 plywood

տաք ջուրի մէջ **եփել**

2172 to poach

գրպան

2173 pocket

ոլոռնի **պաճուկ**

2174 pea pod

ոտանաւոր

Ոտանաւորը կ'ունենայ յանգաւոր տողեր:

A poem has sets of words that rhyme.

2175 poem

մատնացոյց ընել

2177 to point

դշխուհի ծաղիկը

2176 poinsettia

թոյն

2180 poison

թունաւոր

Միջատներ կան, որոնք **թունաւոր** խայթոց ունին:

Some insects have a poisonous sting.

2181 poisonous

Նետը սուր **ծայր** ունի:

2178 point

մշտել

2182 to poke

բեւեռային արջ

2183 polar bear

ելեկտրական **ձող**

2184 pole

Սրածայր է:

2179 pointed

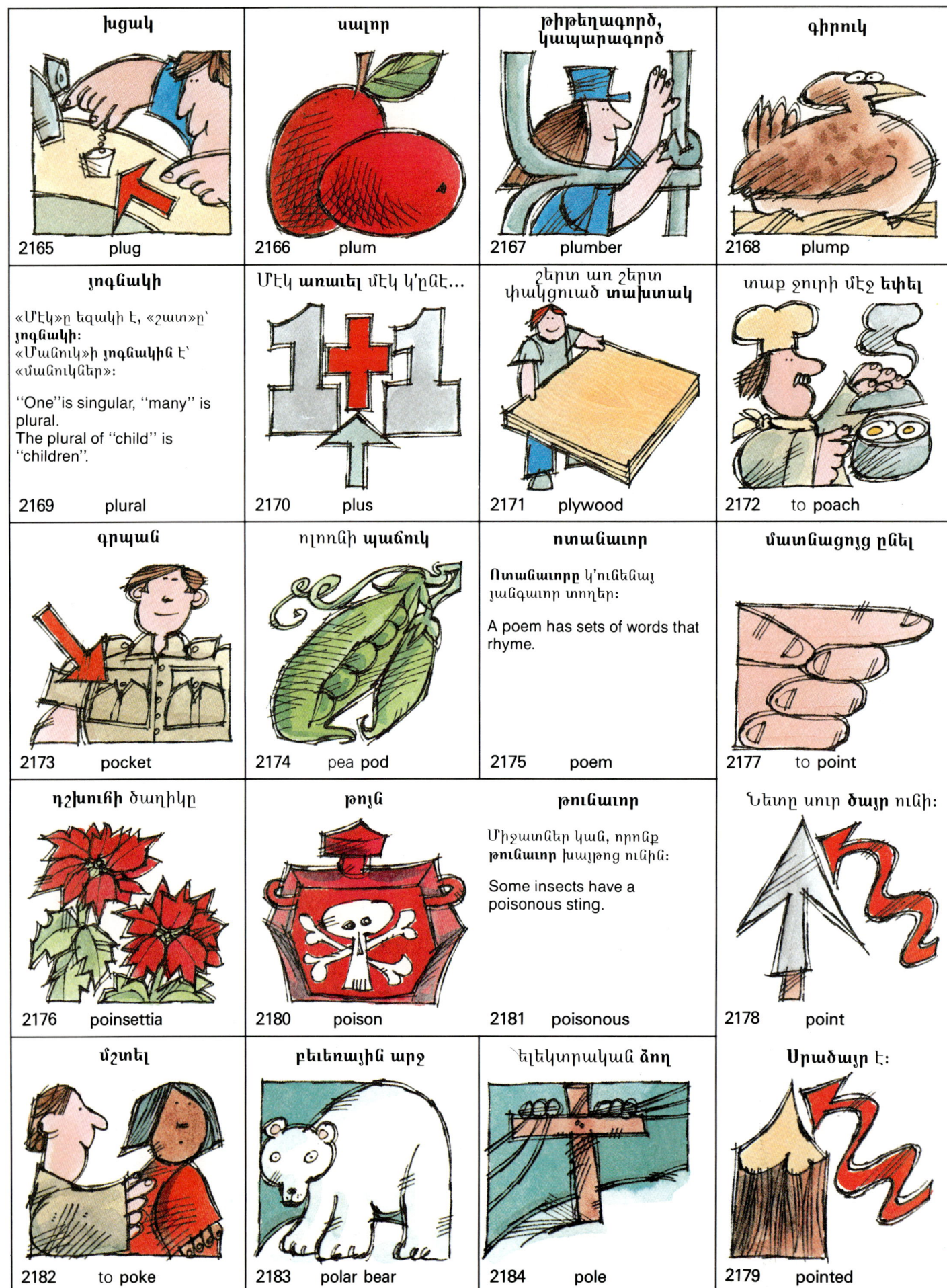

ոստիկան

2185 policeman

ոստիկանուհի

2186 policewoman

փայլեցնել, մաքրել

2187 to polish

քաղաքավար

Ամէն մարդ կը սիրէ **քաղաքավար** մանուկները:
Քաղաքավար պատասխան մը տուր:

Everybody likes polite children.
Give a polite answer.

2188 polite

ծաղիկներու **բեղմնափոշի**

2189 pollen

նուռ

2190 pomegranate

լճակ, մեծ **աւազան**

2191 pond

Ձիու ձագը **մտրուկն** է:

2192 pony

լողաւազան

2193 pool

մէկտեղել, խմբել

2194 to pool

խեղճ, աղքատ

Անին **խեղճ** նիշեր բերաւ, որովհետեւ չէր աշխատած:
Անոր ընտանիքը **աղքատ** չէ բայց հարուստ ալ չէ:

Ani had poor results because she did not work hard.
Her family is not poor, but is not rich either.

2195 poor

խցանը **աղմուկով բանալ**

2196 to pop

բարտի, սօսի

2197 poplar

խաշխաշ

2198 poppy

ժողովրդական, սիրուած

Անին **սիրուած** աղջիկ է:
Ժողովրդականութիւն ունի այս գիրքը:

Ani is a popular girl.
This book is very popular.

2199 popular

սանդխամուտք

2200 porch

Մորթին վրայ **ծակտիկներ** կ'ըլլան:

2201 Pores are little holes in the skin.

նախաճաշի տեսակ մը

2202 porridge

նաւահանգիստ

2203 port

շարժական

Անին **շարժական** ձայնասփիւռ մը կ'ուզէ ունենալ, բայց տակաւին բաւարար դրամ չէ խնայած իր շաբթական յատկացումէն:

Ani wants a portable radio but she has not saved up enough money from her allowance.

2204 portable

բեռնակիր

2205 porter

Արագ մօրաքրոջ **դիմանկարը**

2206 portrait

սիւն

2207 post

Ան **կ'առաքէ** նամակ մը:

2208 to post

բացիկ

2210 postcard

որմազդ

2211 poster

սան

2212 pot

նամակատուն

2209 post office

գետնախնձոր

2213 potato

կաւեղէն ամաններ

2214 pottery

քսակ

2215 pouch

ցատկելով **յափշտակել**

2216 to pounce

լիպրա, անգլիական դրամանիշ

Չորս պանանը մօտաւորապէս մէկ **լիպրա** կը կշռէ:
Մէկ **անգլիականը** բաւական կարեւոր գումար է Անգլիոյ մէջ:

Four bananas weigh about a pound.

One pound is quite a lot of money in England.

2217 pound

զարնել, մանրել

2218 to pound

հոսեցնել, լեցնել

2219 to pour

քիթը **կախել**

2220 to pout

փոշի

2221 powder

վարժութիւն կատարել

2222 to practice/practise*

մարգագետին, դաշտագետին

2223 prairie

գովաբանել

2224 to praise

Ձին կը սիրէ **կայտռել**:

2225 to prance

աղօթել

2226 to pray

Այս **կը նախընտրեմ**:

2227 to prefer

Տիկինը **յղի** է:

2228 She is pregnant.

Ես **ներկայ** եմ:

2229 I am present.

տարեդարձի **նուէր**

2230 birthday present

Արա **կը ներկայացնէ** բաժակը:

2231 to present

պտուղի **պահածոյ**

2232 preserved fruit

Կոճակը **կոխէ**:

2233 to press

սիրուն, աղուոր

2234 pretty

Բուն բռնեց իր **որսը**:

2235 prey

սակ, գին

2236 price

Ասեղը մատը **ծակեց**:

2237 to prick

փշածածկ կենդանի

2238 prickly animal

նախակրթարան

2239 primary school

գարնանածաղիկ

2240 primrose

իշխան

2241 prince

իշխանուհի

2242 princess

դպրոցի **տնօրէն, տեսուչ**

2243 school principal/Head teacher*

սկզբունք

Սկզբունքով համաձայն եմ քեզի հետ:
Ճշմարտութիւնը սրբազան **սկզբունք** է:

In principle I agree with you.
Truth is a sacred principle.

2244 principle

to print 2245-2264

տպագրել

2245 to print

պրիսմակ

2246 prism

Ոճրագործը **բանտ** տարին:

2247 prison

բանտարկեալ, կալանաւոր

2248 prisoner

անձնական

Անին եւ ես **անձնական** խօսակցութիւն մը կ'ունենանք:
Սահակ **անձնական** դասեր կ'առնէ:

Ani and I are having a private talk.
Sahag takes private lessons.

2249 private

Անին շահեցաւ լողալու առաջնութեան **մրցանակը:**

2250 prize

խնդիր

2251 problem

արտադրութիւն, բերք

2252 produce

հեռատեսիլի **յայտագիր** մը

2254 program/programme*

արգիլուած՝ շուներու համար

2255 prohibited

ծրագիր, պարտականութիւն

Շաքէ **ծրագիրի** մը վրայ կ'աշխատի:
Անին իր **պարտականութիւնը** լաւ չէր պատրաստած:

Shaké is working on a project.
Ani did not do well on her project.

2256 project

Այս գործարանը ինքնաշարժ **կ'արտադրէ:**

2253 This factory **produces** cars.

Պատուոյս վրայ **կը խոստանամ...**

2257 I promise.

Եղանը չորս ժանիք ունի:

2258 prong

արտասանել, հնչել

2259 to pronounce

յանցանքի **փաստ, ապացոյց**

2260 proof of guilt

յենակ դնել

2261 to prop

առաջամուղ պտուտակ

2262 propeller

պատշաճօրէն հագած

2263 properly dressed

սեփականութիւն, կալուած

Երբ Անին կ'ըսէ.«Այս գիրքը իմս է», ըսել կ'ուզէ.«Այս **սեփականութիւնս** է»:
Իր ընտանիքը **կալուածներ** ունի գիւղին մէջ:

Ani says "This is mine " when she means "This is my property."
Her family owns property in the country.

2264 property

բողոքել

2265 to **protest**

Ես **հպարտ** կատու մըն եմ:

2266 I am a **proud** cat.

Ըսածս կրնամ **փաստել**՝ Տիար

2267 to **prove**

առած

Ահաւասիկ **առած** մը.
«Օրական խնձոր մը քեզ առողջ կը պահէ»:

Here is a proverb:
"An apple a day keeps the doctor away."

2268 **proverb**

աթոռներ **հայթայթել**

2269 to **provide** chairs

չորցուած սալոր, **սալորաչիր**

2270 **prune**

յօտել

2271 to **prune**

հանրային հեռաձայն

2272 **public** telephone/**phone box***

կտապ, քաղցրեղէնի տեսակ

2273 **pudding/afters***

ջրափոսիկ

2274 **puddle**

Ծուխը դուրս **կը փչէ**:

2275 to **puff**

արջային մրրկահաւ

2276 **puffin**

քաշել

2277 to **pull**

ճախարակ

2278 **pulley**

վերնաշապիկ

2279 **pullover/sweater***

Զարկերակը կը չափէ:

2280 **pulse**

ջրհան

2281 **pump**

Հեծիկին անիւը **կ'ուռեցնէ**

2282 to **pump**

մեծ **դդում**

2283 **pumpkin**

բռունցքով **հարուածել**

2284 to **punch**

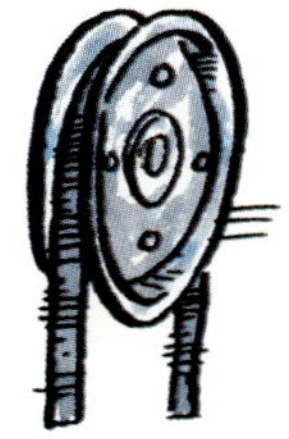

Դուն **ճշդապահ** ես:

2285 You are punctual.

Անիւը **կը ծակէ:**

2286 to puncture

պատժել

2287 to punish

պատիժ

2288 punishment

խամաճիկ

2289 puppet

լակոտ, շնիկ

2290 puppy

մաքուր, ջինջ ջուր

2291 pure water

մանիշակագոյն, ծիրանի

2292 purple

մռլտալ, մրմռալ

2293 to purr

պայուսակ

2294 purse/handbag*

հետապնդել

2295 to pursue

Տղան **կը հրէ** շունը:

2296 to push

Հոն **դիր**, հանիս:

2297 to put

հաւաքել, վերցնել

2298 to put away

Ան ընթերցումը **յետաձգեց:**

2299 to put off

Ծաղախով կը ծեփենք:

2300 putty

հանելուկ-խաղ

2301 puzzle

գիշերազգեստ

2302 pyjamas*/pajamas

բուրգ

2303 pyramid

վարազօձ

2304 python

լոր, լորամարգի

2305 quail

որակաւոր ժամացոյց

2306 quality watch

Ջուրի **քանակը** պակսած է:

2307 quantity

վիճաբանիլ

2308 to quarrel

քարահանք

2309 quarry

քառորդ

2310 quarter

քարափ

2311 quay

թագուհի

2312 queen

հարցում մը հարցնել

2313 to ask a question

հովի պէս **արագ**

2314 quick

շարժուն կամ **ընկլուզող աւազ**

2315 quicksand

Աղջիկը **հանդարտ** է:

2316 She is quiet.

փետուրէ գրիչ

2317 quill

ոզնիի **փուշ**

2318 porcupine quill

վերմակ

2319 quilt/eiderdown*

սերկեւիլ

2320 quince

Կապարճը լի է նետերով:

2321 quiver

դողալ, դողդողալ

2322 to quiver

անակնկալ քննութիւն

Մեր դասարանը ուղղագրութեան **անակնկալ քննութիւն** մը անցուց:

Our class had a quiz in spelling today.

2323 quiz

նապաստակ

2324 rabbit

ջրարջ

2325 raccoon

Կրիան եւ նապաստակը **կը մրցին:**

2326 to **race**

կախիչ, կախարան

2327 rack/hat-stand*

ժխոր, աղմուկ

2328 racket

ջերմարձակ

2329 radiator

ձայնասփիւռ

2330 radio

բողկ

2331 radish

շրջանակին **շառաւիղը**

2332 radius

լաստ

2333 raft

Արշաւանքը սկսած է:

2334 a **raid** in progress

ճաղաշարք, բազրիք

2335 hand**rail**/banister*

երկաթուղագիծ

2336 railroad track/railway track*

Ուժգնօրէն **կ'անձրեւէ:**

2337 to **rain**

ծիածան, ծիրանի գօտի

2338 rainbow

անձրեւազգեստ

2339 raincoat

բարձրացնել

Անոնք որոնք Անին կը սիրեն՝ ձեռքերնին թող **բարձրացնեն:**

All those who like Ani, raise your hands.

2340 to **raise**

Չամիչը չորցուած խաղող է:

2341 **raisin**

Ան **փոցխով** կը հաւաքէ:

2342 rake

թակել, զարնել, բախել
2343 to rap/knock*

արագ, սրընթաց
2344 rapid

հազուագիւտ
2345 rare

Դէմքը դուրս տուած է:
2346 rash

ազնուամորի, արքայամորի
2347 raspberry

առնէտ
2348 rat

չխչխկան խաղալիք
2349 rattle

բոժոժաւոր օձ
2350 rattlesnake

ագռաւ
2351 raven

անկուշտ, անյագ
2352 ravenous

խորխորատ, խոր կիրճ
2353 ravine

հում հաւկիթ մը
2354 a raw egg

արեւի շող մը
2355 ray of sunlight

ածելի
2356 razor

հասնիլ
2357 to reach

կարդալ
2358 to read

պատրաստ, օ՛ն
2359 ready

Իրակա՞ն աղամանդ է:
2360 real

գիտակցիլ, անդրադառնալ
2361 to realize/realise*

Իսկապէս հո՞ս ես:
2362 Are you **really** here?

յետսակողմ, ետեւ

2363 rear

յետսացոյց հայելի

2364 rearview mirror

պատճառաբանել, տրամաբանել

2365 to reason

տրամաբանական

Տրամաբանական գին մըն է:
Անի, հաճիս
տրամաբանական եղիր:

That is a reasonable price.
Ani, please be reasonable.

2366 reasonable

ըմբոստանալ, ապստամբիլ

Մարդիկ **կ'ըմբոստանան** բարձր շահատուրքերու դէմ:
Սպարտակիւս **ապստամբեցաւ** Հռոմի դէմ:

People do rebel against high taxes.
Spartacus rebelled against Rome.

2367 to rebel

Չեմ կրնար **մտաբերել**:

2368 I do not recall.

ստանալ

2369 to receive

վերջերս հաւկիթէն ելած

2370 recently hatched

ճաշագիր

2371 recipe

Աղջիկը **կ'արտասանէ**:

2372 to recite

ձայնապնակ **ձայնապնակի սարք**

2373 record 2374 record player

ապաքինիլ, վերագտնել

Անին ծունկը վիրաւորեց, սակայն շուտով **կ'ապաքինի**:
Վերագտայ դուրս ձգուած բոլոր գիրքերս:

Ani scraped her knee but she will recover quickly.
I recovered all the books that were left outside.

2375 to recover

ուղղանկիւն

2376 rectangle

կարմիր

2377 red

եղէգ

2378 reed

խարակ, խութ

2379 reef

Գարշելի հոտը **կը տարածուի**

2380 to reek

Թելակոճը ձախարակի կը նմանի

2381 reel

իրաւարար

2382 referee

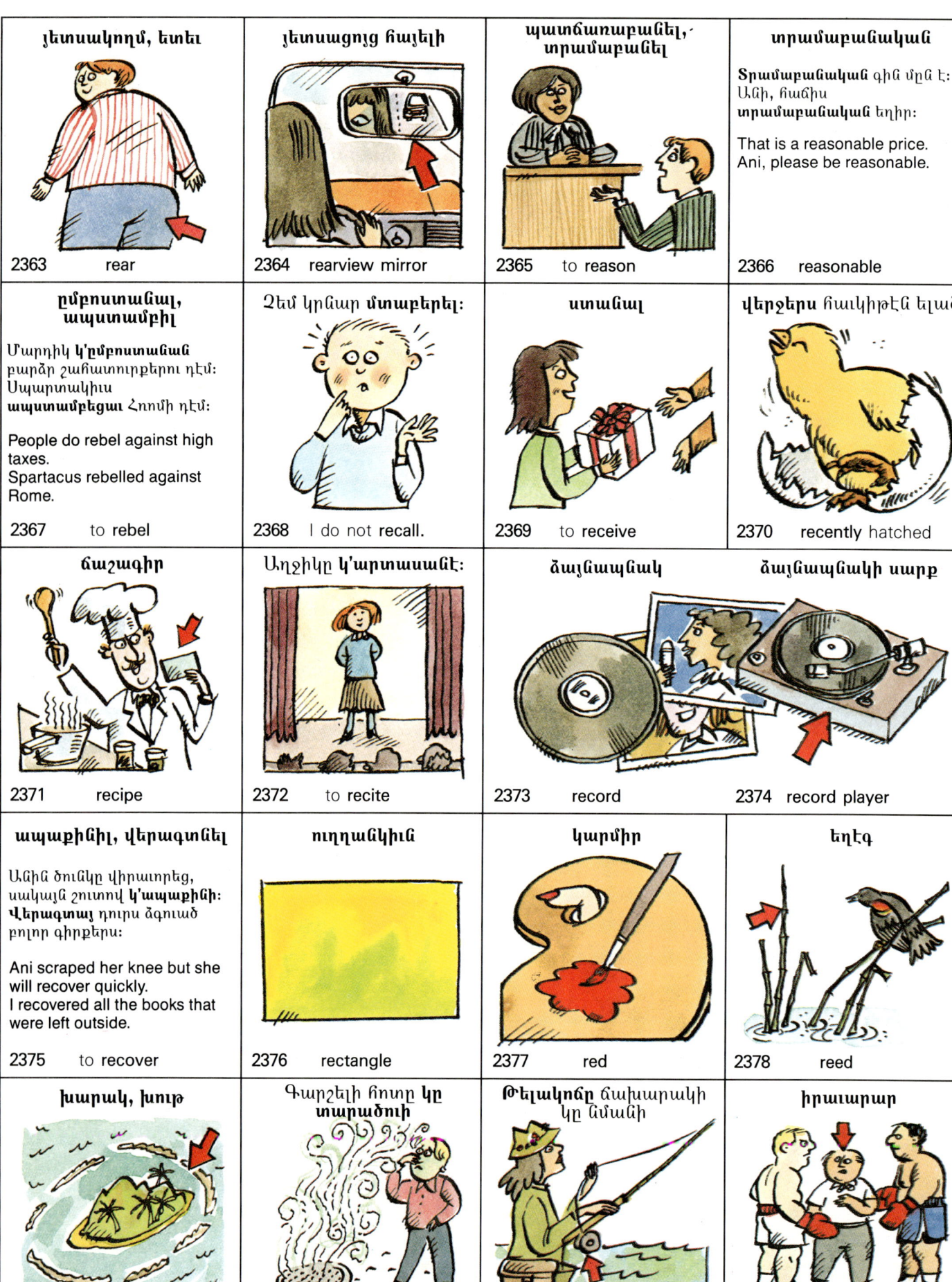

ցոլացում

2383 **reflection**

Սառնարանին դուռը բաց է:

2384 **refrigerator**

մերժել

2385 to **refuse**

շրջան

2386 **region**

արձանագրել

2387 to **register**

Ան **կը զղջայ** պատահածին համար:

2388 to **regret**

Իրենց դերը **կը փորձեն:**

2389 Actors **rehearse** a play.

հիւսիսային եղջերու

2390 **reindeer**

սանձ

2391 **reins**

ազգականներ

2392 **relatives**

հանգստանալ, հանգչիլ

2393 to **relax**

ազատ արձակել

2394 to **release**

Յիշէ՛ակռադ վրձինել:

2395 **Remember** to brush your teeth.

հեռակայ կղզի մը

2396 **remote** island

Ատոմ **վերցուց** իր գլխարկը:

2397 to **remove**

վարձել

Յարկաբաժին մը **վարձեցինք:**
Եթէ ինքնաշարժ չունիս,
կրնաս հատ մը **վարձել:**

We **rent** an apartment.
If you do not have a car, you can **rent** one.

2398 to **rent**

նորոգել

2399 to **repair**

Թութակը **կը կրկնէ** բառերը:

2400 to **repeat**

փոխարինել

2401 to **replace**

Եթէ հարցնես **կը պատասխանեմ:**

2402 to **reply**

սողուն

2403 reptile

ազատել, փրկել

2404 to rescue

ջրամբար

2405 reservoir

պատասխանատու

Անի՛, փոքր եղբօրդ՝ Կարոյին **պատասխանատու** ես:

Ani, you are responsible for your little brother Garo.

2406 responsible

հանգստանալ

2407 to rest

ճաշարան

2408 restaurant

վերադառնալ, վերադարձնել

Շանթ ճամբորդութեան մէջ է, սակայն շուտով **կը վերադառնայ**:
Անին միշտ **կը վերադարձնէ** գրադարանէն առած գիրքերը:

Shant is travelling but he will return soon.
Ani always returns her library books.

2409 to **return**

ետեւ երթալ

2410 reverse

ռնգեղջիւր

2411 rhinoceros

խաւարծիլ, խաշնդեղ

2412 rhubarb

յանգ

Անիին անունը **յանգ** կը կազմէ Սօսիին անուան հետ:
Բառ մը գտիր,որ **յանգ** կազմէ Գանատային հետ:

Ani's name rhymes with Sossi's name.
Find a word which rhymes with Canada.

2413 rhyme

կողոսկր

2414 rib

Սիրուն **ժապաւէն** մը չէ՞:

2415 ribbon

բրինձ

2416 rice

հարուստ, ճոխ

հարուստը միշտ պէտք է օգնէ աղքատին:
Ժապաւէնը **ճոխ** կարմիր գոյն մը ունի:

The rich must help the poor.
The ribbon is a rich red colour.

2417 rich

Հանելուկը կրնա՞ս լուծել:

2418 riddle

ձիավարել

2419 to **ride** a horse

լեռնակատար, ծայր

2420 ridge

աջ ձեռքս

2421 my **right** hand

ճիշդ, իրաւունք

Ճիշդ չէ գողնալ:
Անին կը կարծէ, որ միշտ **իրաւունք** ունի:

It is not right to steal.
Ani thinks she is always right.

2422 right

աջլիկ

2423 right-handed

կեղեւ, կճեպ

2424 rind

մատանի

2425 ring

հնչեցնել, զանգահարել

2426 to ring

սահադաշտ, չմշկարան

2427 rink

Ան **կը ցօղուէ** ամանները։

2428 to **rinse**

խռովութիւն

2429 riot

Տաբատդ **պատռած** է։

2430 to **rip**

հասուն խնձոր մը

2431 ripe

ծփանք, ալեծածան

2432 ripple

Արեւը **կը ծագի**։

2433 The sun **rises.**

խիզախել, վտանգ

Միշտ զգուշ եղիր, երբ **կը խիզախես**։
Օդերեւութաբանը յայտնեց, թէ գետինը սառելու **վտանգ** կայ։

Always be careful when taking risks.
The weatherman said there was a risk of frost.

2434 risk

մրցակիցներ

2435 rivals

գետ

2436 river

ճամբայ

2437 road

Առիւծը **կը մռնչէ**։

2438 to **roar**

Խորովածը փուռէն հանէ։

2439 roast

գող, աւազակ

2440 robber

կարմրալանջ

2441 robin

ժայռ

2442 rock

օրօրել, ճօճել

2443 to **rock**

հրթիռ

2444 **rocket**

ճօճան աթոռ

2445 **rocking chair**

Կարթաձողով ձուկ կ'որսանք

2446 **rod**

թղթագլան

2447 **roll**

գլորիլ, թաւալիլ

2448 to **roll**

անուաչմուշկ

2449 **roller skate**

լողիկ, գրտնակ

2450 **rolling pin**

տանիք, երդիք

2451 **roof**

սենեակ

2452 **room**

թառիլ

2453 to **roost**

արմատ

2454 **root**

պարան, չուան

2455 **rope**

Վարդը փուշեր ունի:

2456 **rose**

խնկունի

2457 **rosemary**

Վարդագոյն այտեր ունի:

2458 **rosy**

փտած խնձոր մը

2459 **rotten** apple

անտաշ, կոշտ

2460 **rough**

կլոր

2461 **round**

չորս կոճակ՝ մէկ **շարքի** վրայ

2462 4 buttons in a **row**

Թալին կը սիրէ **թիավարել:**

2463 to row

արքայական

2464 royal

ձգախէժ անիւ ու գնդակ

2465 rubber

աւելցուք, աղբ

2466 rubbish

Սուտակը կարմիր յարգի քար է:

2467 ruby

նաւու ղեկ

2468 rudder

կոշտ, գռեհիկ

2469 He is **rude.**

խորտուբորտ երկրամաս

2470 **rugged** terrain

Հին դղեակին **աւերակները:**

2471 ruin

իշխանութիւն, օրէնք

Կարգ մը երկիրներ թագաւորի մը **իշխանութեան** տակ կը գտնուին:
Անին հազուադէպօրէն կը խախտէ **օրէնքը:**

Some countries are under the rule of a king.
Ani seldom breaks the rules.

2472 rule

Թագաւորը **իշխանաւորն** է:

2473 ruler

Թխթխկոց մը կը լսեմ:

2474 I hear a **rumble.**

վազել

2475 to **run**

փախչիլ

2476 to **run away**

տրորել, վրայէն անցնիլ

2477 to **run over**

ուժասպառ ըլլալ

2478 to **run out** of energy

աճապարել

2479 to rush

Ժանգոտած է:

2480 rust

եզրակօս

2481 rut

հաճար, աշոր

2482 rye

ալիւրի **տոպրակ** մը

2483 sack

Ճշմարտութիւնը **սրբազան** սկզբունք է:

2484 Truth is a **sacred** principle.

տխուր երիտասարդ մը

2485 sad

թամբ

2486 saddle

Գանձարկղին մէջ ի՞նչ կայ:

2487 safe

առագաստ

2488 sail

առագաստահարթակ

2489 sailboard

առագաստանաւ

2490 sailboat/sailing boat*

նաւաստի

2491 sailor

աղցան

2492 salad

զեղչ-վաճառք

2493 sale

լոսդի

2494 salmon

աղ եւ պղպեղ

2495 salt

բարեւել

2496 to salute

նոյն, միեւնոյն

2497 same

աւազ

2498 sand

սանդալ, ոտնաման

2499 sandal

սանտուիչ, հացի մէջ դրուած ուտելիք

2500 sandwich

աւիշ

2501 sap

աղկեր

2502 sardine

արբանեակ

2503 satellite

սնդուսէ հագուստ

2504 satin dress

Շաբաթ

Շաբաթը շաբթուան վեցերորդ օրն է:
Անին կը սիրէ **Շաբաթ** օրերը:
Saturday is the sixth day of the week.
Ani likes Saturdays.

2505 Saturday

համեմային հեղուկ

2506 sauce/gravy*

երշիկ

2507 sausage

Դրամս **կը խնայեմ:**

2508 I **save** my money.

Այս **սղոցը** շատ սուր է:

2509 saw

սղոցուք

2511 sawdust

Կ'ըսեմ ինչ որ կը մտածեմ:

2512 I **say** what I think.

շարժական լաստակ

2513 scaffolding

սղոցել

2510 to saw

Ձեռքը **այրեց** տաք ջուրէն:

2514 to scald

կշիռք

2515 scale

խեփոր, տիփ

2516 scallop

գանկամաշկ

2517 scalp

Դէմքին վրայ **սպի** ունի:

2518 scar

Ան կը սիրէ **վախցնել** զինք:

2519 to scare

խրտուիլակ

2520 scarecrow

վզնոց, վզակապ

2521 scarf

ալկարմիր

2522 **scarlet**

ոճիրին **վայրը**

2523 **scene** of a crime

տեսարան

2524 **scenery**

կրթաթոշակ

2525 **scholarship**

Այս Անիին **դպրոցն** է:

2526 **school**

առագաստանաւի տեսակ

2527 **schooner**

մկրատ

2528 **scissors**

շերեփաչափով վերցնել

2529 to **scoop**

շարժանիւի տեսակ

2530 **scooter**

կիզուած թուղթ

2531 **scorched** paper

նշանակել, թիրախին հասցնել

2532 to **score**

սկաուտ, արի

2533 **scout**

թուղթի **կտորներ**

2534 **scraps** of paper

սկրթուք

2535 **scrape**

քերթիչ

2536 **scraper**

ճանկռտուք

2537 **scratch**

պաստառ

2538 **screen**

պտուտակ

2539 **screw**

պտուտավար

2540 **screwdriver**

շփելով մաքրել

2541 to **scrub**

Քանդակագործը կը քանդակէ:

2542 sculptor

ծովաձի

2543 seahorse

Ադրիական **ծով**

2544 Adriatic **sea**

ծովաճայ

2545 seagull

փոկ

2546 seal

կարուածք

2547 seam

փնտռել, որոնել

2548 to **search**

լուսարձակ

2549 searchlight

Տարուան չորս
եղանակներն են՝
Գարուն
Ամառ
Աշուն
Ձմեռ

The four **seasons** are:
Spring, Summer,
Autumn, Winter.

2550 seasons

աթոռ

2551 seat

Անին **նստագօտին** ամրացուց:

2552 seatbelt

ջրիմուռ

2553 seaweed

երկրորդ

2554 second

Գաղտնիք մը ունիմ:

2555 I have a **secret**.

տեսնել

2556 to **see**

հեծանախաղ

2557 see-saw

սերմ

2558 seed

Մեռած **կը թուի** ըլլալ:

2559 It **seems** to be dead.

բռնել

2560 to **seize**

Անձնասէր ես:

2561 You are **selfish**.

Կինը պտուղ **կը ծախէ:**

2562 to sell

կիսաշրջանակ

2563 semicircle

ուղարկել, առաքել

2564 to send

զգայուն մորթ

2565 sensitive skin

նախադասութիւն, դատապարտութիւն

Կրնա՞ս **նախադասութիւն** մը կազմել:
Գողը **դատապարտուեցաւ** բանտարկութեան:
Can you make a sentence?
The robber received a prison sentence.

2566 sentence

պահակ

2567 sentry

Սեպտեմբերին դպրոցները կը բացուին:

2568 September

ծառայել, սպասարկել

2569 to serve

եօթը

2570 seven

եօթներորդ

2571 seventh

բազմաթիւ

2572 several

կարել

2573 to sew

կարի մեքենայ

2574 sewing machine

մաշուած, հին

2575 shabby

խրճիթ

2576 shack

շուք, ստուեր

2577 shadow

բրդոտ շուն մը

2578 shaggy

ցնցել, թափահարել

2579 to shake

ծանծաղ ջուր

2580 shallow water

հեղուկ օճառ՝ մազ լուալու

2581 shampoo

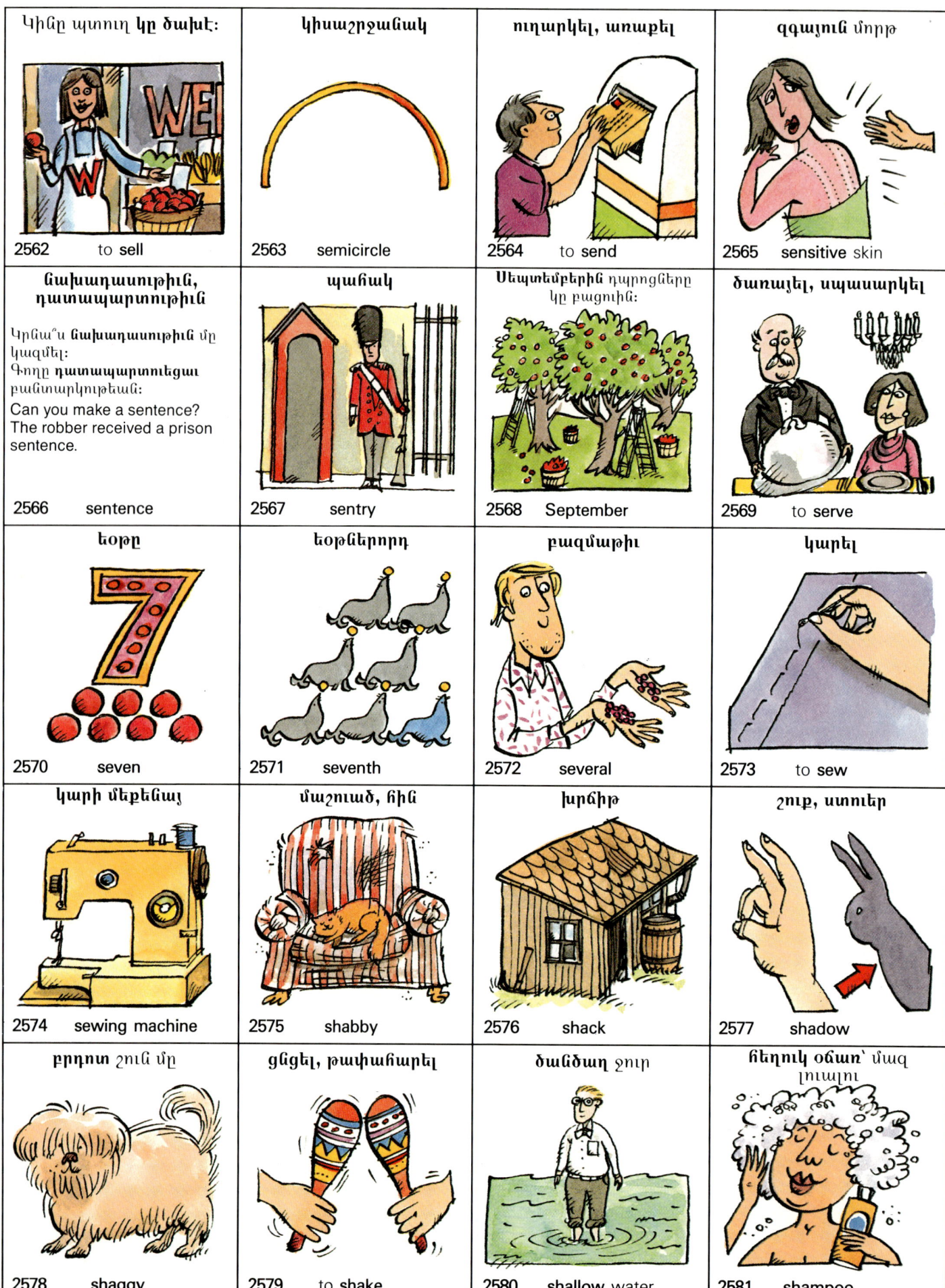

բաժնել, բաժնուիլ

2582 to share

Շանաձուկը թռչի՞լ կը փորձէ:

2583 shark

սուր, հատու

2584 sharp

դանակ **սրցնող**

2585 knife sharpener

Գաւաթը **փշրուեցաւ:**

2588 to shatter

ածիլել, ածիլուիլ

2589 to shave

Խիղբը մեծ մկրատ է:

2590 shears

չմուշկ **սրցնող**

2586 skate sharpener

դաշոյնի **պատեան** մը

2591 sheath

Հովիւը **ոչխարներ** կ'արածէ:

2592 sheep

սաւան

2593 sheet

տաշելիք

2587 pencil sharpener

դարակ

2594 shelf

խեցապատեան

2595 shell

ապաստան, ապաստարան

2596 shelter

հովիւ

2597 shepherd

վահան

2598 shield

ոլոք, ծունկէն վար՝ սրունքին առաջամասը

2599 shin

շողալ, փայլիլ

2600 to shine

կաւար՝ տանիքի ծածքին համար

2601 shingle

Կարմրուկը հիւանդութիւն մըն է:

2602 shingles

շողշողուն, փայփլուն

2603 shiny

նաւ, շոգենաւ

2604 ship

նաւաբեկում

2605 shipwreck

շապիկ

2606 shirt

դողալ, դողդողալ

2607 to shiver

ելեկտրական **ցնցում մը**

2608 shock

կօշիկ

2609 shoes

կօշիկի կապ, կօշկաքուղ

2610 shoelace

կօշկակար, ճնակարկատ

2611 shoemaker

Զէնքով **կը կրակէ:**

2612 to shoot

խանութ

2613 shop

խանութպան

2614 shopkeeper

ցուցափեղկ

2615 shop window

ափ, ծովափ, գետափ

2616 shore

կարճ, կարճահասակ

2617 short

կարճ **տաբատ**

2618 shorts

ուս

2619 shoulder

պոռալ, կանչել

2620 to shout

հրմշտկել, հրել

2621 to shove

ձիւնի **թիակ** մը

2622 shovel

ցոյց տալ

2623 to show

պարծենալ, սիգալ

2624 to show off

Ան վերջապէս **երեւցաւ**:

2625 to show up/appear*

Կեցած է **ջրացնցուղին** տակ:

2626 shower

ճչալ

2627 to shriek

կարիտոս

2628 shrimp

կծկուիլ

2629 to shrink

թուփ

2630 shrub

Խաղաթուղթերը **կը խառնէ**:

2631 shuffle

պատուհանին **փեղկերը**

2632 shutters

ամչկոտ

2633 shy

հիւանդ

2634 sick

կողմ

2635 side

Մայթին վրայէն քալէ միշտ:

2636 sidewalk/pavement*

Տխրութենէն **կը հառաչէ**:

2637 to sigh

նշան, նշանատախտակ

2638 sign

նշան տալ

2639 to signal

ստորագրութիւն

2640 signature

լուռ, լռութիւն

Անին շատ յաճախ **լուռ** չի մնար:
Լուռ գիշեր մը հանդարտ գիշեր մըն է:
Ani is not silent very often.
A silent night is a quiet night.

2641 silent

պատուհանի վարի **եզերքը**

2642 sill

ապուշ, տխմար

Շանթ կը կարծէ, թէ Անին **ապուշ** է:
Անին կը խորհի, որ Շանթ **տխմար** բաներ կ'ընէ:

Shant thinks Ani is silly.
Ani thinks Shant does silly things.

2643 silly

արծաթ

2644 silver

պարզ

Այդ է ճիշդ ու **պարզ** ճշմարտութիւնը:
Պարզ լուծում մը կայ:

That is the truth, pure and simple.
There is a simple solution.

2645 simple

երգել

2646 to sing

եզակի

«Մէկ»ը **եզակի** է:
«Բազմաթիւ»ը յոգնակի է:

'One' is singular.
'Several' is plural.

2647 singular

լուացարան

2648 sink

ընկղմիլ

2649 to sink

ումպ-ումպ **խմել**

2650 to sip

ահազանգ

2651 siren

քոյր

2652 sister

նստիլ

2653 to sit

վեց

2654 six

վեցերորդ

2655 sixth

Ի՞մ **չափովս** է:

2656 size

չմշկել

2657 to skate

Տղան **մայթանիւով** կը սահի:

2658 skateboard

Կմա՞խք մը պահարանին մէջ:

2659 skeleton

ուրուագծել

2660 to sketch

դահուկ

2661 skis

դահուկել
2662 to ski

մէկ կողմ սահիլ
2663 to skid

մորթ
2664 skin

ցատկել
2665 to skip

նաւավար
2666 skipper/captain*

փէշ
2667 skirt

գանկ
2668 skull

Երկինքը ամպոտած է:
2669 sky

արտոյտ, արտուտիկ
2670 skylark

Երկնաքերը բարձր շէնք է:
2671 skyscraper

շրխկացնել, աղմուկով գոցել
2672 to slam

շեղ տախտակամած
2673 slanting floor

ապտակել
2674 to slap

Զօրօն կը դանակոտէ կրկին:
2675 to slash

փոքր գրատախտակ
2676 slate

բալխիր, ձիւնասահնակ
2677 sled/sleigh*

Զօրօն կը քնանայ:
2678 to sleep

քնանալու տոպրակ
2679 sleeping bag

Հայկ քնատ կը զգայ:
2680 sleepy

սիկլիկ, սառած անձրեւ
2681 sleet

Թեզանիքը զգեստի թեւն է:

2682 sleeve

սահանակ

2683 slide

նրբակազմ

2684 slim

լպրծուն կենդանի մը

2685 slimy

Թեւը **վիրակապի** մէջ է:

2686 sling

պարսատիկ

2687 slingshot/catapult*

սահիլ, սայթաքիլ

2688 to slip

հողաթափ

2689 slipper

սահուն, սայթաքուն

2690 slippery

թափթփած, կեղտոտ

2691 slob

զառիվար, զառիթափ

2692 slope

ճեղք

2693 slot

կուզը դուրս հանել

2694 to slouch

դանդաղիլ, դանդաղեցնել

Ինքնաշարժը **կը դանդաղի** անկիւնադարձին:
Դանդաղեցուր, հայրիկ, շատ արագ կ'ընթանաս:
The car slows down at the corner.
Slow down, Dad! You are going too fast.

2695 to slow down

լորխ, կիսահալ ձիւն

2696 slush

պզտիկ, փոքր

2697 small

ուշիմ, խելացի, արթուն

Անին կը կարծէ, թէ ինք շատ **ուշիմ** է, որովհետեւ քննութենէն յաջողած է:
Ani thinks she is very smart because she passed her exam.

2698 smart/clever*

փշրել, զարնելով **կոտրել**

2699 to smash

արատաւորել, կեղտոտել

2700 to smear

Ան **կը հոտուըտայ** ծաղիկը:

2701 to smell

Ինչ **գարշահոտ** ժանտակուզ է:

2702 smelly

Ծխելը վնասակար է:

2703 to smoke

ողորկ, հեզասահ, հարթ

Անին կը չմշկէ **ողորկ** սառին վրայ:
Փորձառու օդաչուն **հեզասահ** վայրէջք կը կատարէ:
The ice Ani is skating on is very smooth.
A good airplane pilot makes smooth landings.

2704 smooth

թեթեւ բան մը ուտել

2705 to have a snack

խղունջ

2706 snail

օձ

2707 snake

ձայն հանելով **կոտրել**

2708 to snap

թեթեւ **կօշիկի** տեսակ մը

2709 sneakers/trainers*

փռնգտալ

2710 to sneeze

սուզորդի **շնչառութեան փող**

2711 snorkel

ձիւն

2712 snow

փաթիլ

2713 snowflake

ցանցաթել դահոյկ, լագան

2714 snowshoes

Օճառով եւ ջուրով լուացուէ միշտ:

2715 soap

ոտնագնդակ

2716 soccer

գուլպայ

2717 sock

ելեկտրածակ

2718 socket

բազմոց-նստարան

2719 sofa/couch*

փափուկ եւ փայփայուած

2720 soft

զինուոր

2721 soldier

լեզուածուկ

2722 sole

Ան **կը լուծէ** խնդիրը:

2723 She **solves** the problem.

օդին մէջ **թաւալգլոր ցատկել**

2724 to **somersault**

հայր ու **որդի**

2725 son

երգ

2726 song

շուտով

Շուտով պիտի մթննայ:
Անին **շուտով** տուն պիտի ըլլայ:
Soon it wil be dark.
Ani will be home soon.

2727 soon

կախարդ

2728 sorcerer

Թեւիս ուռեցքը **կը ցաւի**:

2729 My arm is **sore.**

թրթնջուկ, թրթկինճ

2730 sorrel

Չալօն **կը ցաւի** պատահածին համար:

2731 sorry

զատել

2732 to **sort**

Ապուրը տաք է:

2733 soup

թթու, լեղի, դառն

2734 sour

հարաւ

2735 south

Գոճեմայրը մայր խոզն է:

2736 sow

ցանել, սերմանել

2737 to **sow**

տիեզերանաւ

2738 spaceship

բահ

2739 spade

ծեծել

2740 to **spank**

պահեստի անիւ

2741 **spare** tire/tyre*

կայծ

2742 **spark**

շողշողալ, պսպղալ

2743 to **sparkle**

ճնճղուկ

2744 **sparrow**

Անոնք հայերէն **կը խօսին:**

2745 to **speak**

նիզակ

2746 **spear**

Կրիան **կ'արագացնէ** քայլերը:

2747 to **speed up**

հեգել

2748 to **spell**

Դրամ **կը ծախսէ:**

2749 to **spend**

Գունտը կլոր է:

2750 **sphere**

համեմոտ ու կծու

2751 **spicy**

սարդին ոստայնը

2752 **spider**

ցից, սեպ

2753 **spike**

թափել, հոսիլ

2754 to **spill**

ոլորապտոյտ **դարձնել** կամ **դառնալ**

2755 to **spin**

շոմին

2756 **spinach**

ողնայար

2757 **spine**

պարուրաձեւ

2758 **spiral**

սայրաձող

2759 **spire**

Կիրթ անձը չի **թքներ:**

2760 to **spit**

ցայտացրիւ ընել

2761 to **splash**

Տաշեղներ են ամէն տեղ:

2762 splinter

աւրուած պտուղներ

2763 spoiled/rotten* fruit

սպունգ

2764 sponge

թելակոճ, ճախարակ

2765 spool/reel*

դգալ

2766 spoon

Աղտի **հետք** մը կայ հոս:

2767 spot

թէյամանին **բերանը**

2768 spout

Անին ոտքը **դարձուց**:

2769 to sprain

սրսկել

2770 to spray

տարածել

2771 to spread

զսպանակ

2772 spring

Գարունը վերջապէս հասաւ:

2773 spring

ցանել

2775 to sprinkle

սուրալ

2776 to sprint

եղեւին

2777 spruce

Ջուրը **աղբիւրէն** կը հոսի:

2774 spring

քառակուսի

2778 square

դդումի տեսակ

2779 squash

կկզիլ

2780 to squat

Կը սեղմէ կուրծքին:

2781 to squeeze

մելանաձուկ

2782 squid

սկիւռ

2783 squirrel

ցայտեցնել

2784 to squirt

Ձիերը **ախոռին** մէջն են:

2785 stable

պարուհին՝ **բեմին** վրայ

2786 stage

արատ, հետք

2787 stain

սանդուխ

2788 staircase

փայտէ **ցից**

2789 wooden stake

օթեկ

Օթեկ հացը չոր կ'ըլլայ եւ կարծր:
Stale bread is dry and hard.

2790 stale bread

կարոսի **կոթ**

2791 celery stalk

Յովատակը արու ձին է:

2792 stallion

դրոշմաթուղթ

2793 stamp

կանգնիլ

2794 to stand

շողշողուն **աստղ** մը

2795 star

սեւեռել

2796 to stare

տարմահաւ

2797 starling

ինքնաշարժը **աշխատցնել**

2798 to start a car

սոված ըլլալ, սովամահ ըլլալ

Երբ Անին կ'ըսէ «**սոված եմ**», ըսել կ'ուզէ որ անօթի է:
Անի, **սովամահ** չես ըլլար:
When Ani says "I'm starving", she means that she is hungry.
You will not starve, Ani.

2799 to starve

Վառելանիւթի **կայան**

2800 gas/petrol* station

գնացքի **կայարան**

2801 train/railway* station

արձան, քանդակ

2802 statue

Հոն **կեցի՛ր:**

2803 Stay there!

մսաշերտ

2804 steak

գողնալ

2805 to steal

շոգի

2806 steam

Դանակները **պողպատէ** են:

2807 Kinves are made of steel.

ցից **զառիվեր** կամ **զառիթափ**

2808 steep

Եզնիկը փոքր եզ է:

2809 steer/bullock*

վարդին **ցօղունը**

2811 stem

աստիճան, սանդխամատոյց

2812 step

Ցեխին **մէջը կոխեց:**

2813 to step in

վարել

2810 to steer

ճաշի տեսակ

2815 stew

գաւազան, փայտիկ

2816 stick

վայրկեան մը **դուրս գալ**

2814 to step out

Ծամոնը **կպչուն** է:

2817 sticky

կարծր, պինդ

Ակռայի վրձինը շատ **կարծր** է:

This toothbrush is too stiff.

2818 stiff

խայթել, ցաւիլ

2819 to sting

մեղուի **խայթուածք**

2820 sting

շատ գէշ **հոտիլ**

2821 to stink

Խառնէ՝ համտեսելէ առաջ:

2822 to stir

կնոջական երկար **գուլպայ**

2823 stockings

կրակը **դէժացնել**

2824 to stoke

ստամոքս

2825 stomach

Քար նետելը վտանգաւոր է:

2826 stone

աթոռակ

2827 stool

Կը ծռի որ գնդակը վերցնէ:

2828 to stoop/bend down*

կանգառ

2829 stop

վաճառատուն

2832 store/shop*

արագիլ

2833 stork

փոթորիկ

2834 storm

Շոգեկառքը **կը կեցնէ:**

2830 He stops the train.

Ան **պատմութիւն** կը կարդայ:

2835 story

խոհանոցի **փուռ**

2836 stove/cooker*

ուղիղ

2837 straight

հանգրուան

2831 to stop over

զտել, քամել

2838 to strain

ճգնիլ, պրկուիլ

2839 to strain

տարօրինակ, անսովոր

2840 strange

Կապիկը **կը խեղդէ՞** զինք:

2841 to strangle

ուսակապ

2842 strap

Ծղօն, խոզան

2843 straw

ելակ

2844 strawberry

առուակ, հոսանք

2845 stream

բոցիկ, եռանկիւն դրօշակ

2846 streamer/pennant*

ճամբայ, փողոց

2847 street

փողոցի լոյս

2848 street light/lamp*

քաշելով երկնցնել

2849 to stretch

պատգարակ

2850 stretcher

գործադուլ

Գործաւորները **գործադուլի** մէջ են՝ յաւելեալ վճարումի պահանջով:

The workers are on strike for more money.

2851 strike

հարուածել, զարնել

2852 to strike

առասան, բարակ չուան

2853 string

շերտագիծ

2854 stripe

զօրաւոր

2855 strong

ուսանող, աշակերտ

2856 student

սերտել, սորվիլ

2857 to study

խծկուած խաղալիք մը

2858 a stuffed animal

բուն

2859 stump

Ընդծովեան սուզանաւն է:

2860 submarine

Հանումը **հանելու** գործողութիւնն է:

2861 to subtract

ծծել

2862 to suck

յանկարծակիօրէն, յանկարծ

Յանկարծակիօրէն սկսաւ անձրեւել:
Թամար **յանկարծ** մեկնեցաւ:
Suddenly, it began to rain.
Tamar left suddenly.

2863 suddenly

Շատ **շաքար** մի՛ ուտեր:

2864 sugar

Նոյնատեսակ **բաճկոն** ու **տաբատ**

2865 suit

ճամբրուկ

2866 suitcase

ամառ

2867 summer

արեւ

2868 sun

Կիրակի

Կիրակին շաբթուան եօթներորդ օրն է:
Sunday is the seventh day of the week.

2869 Sunday

արեւային ժամացոյց

2870 sundial

արեւածաղիկ

2871 sunflower

արեւածագ

2872 sunrise

մայրամուտ

2873 sunset

գերշուկայ

2874 supermarket

ընթրիք

2875 supper/dinner*

վստահ, վստահաբար

Վստահ եմ, որ վաղը արեւոտ պիտի ըլլայ:
Անին վաղը **վստահաբար** կ'երթայ:
I am sure tomorrow will be a sunny day.
Ani will go tomorrow for sure.

2876 sure

մակերես

2877 surface

վիրաբոյժ

2878 surgeon

մականուն

Անունս Անի է, իսկ **մականունս**՝ Արամեան:
My name is Ani and my surname is Aramian.

2879 surname

անակնկալ հաւաքոյթ

2880 surprise party

յանձնուիլ, անձնատուր ըլլալ

2881 to surrender

շրջապատել

2882 to **surround**

ձգափոկ

2883 **suspenders/braces***

կլլել

2884 to **swallow**

կարապ

2885 **swan**

փոխանակել

2886 to **swap**

մեղուներու **պարս** մը

2887 **swarm**

քրտնիլ

2888 to **sweat**

քրտնաշապիկ

2889 **sweater/sweatshirt***

աւլել

2890 to **sweep**

քաղցր, անուշահամ

2891 **sweet**

շեղիլ

2892 to **swerve**

լողալ

2893 to **swim**

ճօճորան, օրօրոց

2894 **swing**

օրօրուիլ

2895 to **swing**

լոյսի կոճակ, փոխարկիչ

2896 **switch**

վառել, մարել, փոխանակել

Հաճիս, լոյսը **վառէ**։
Աւելի լաւ կ'ըլլայ, որ **մարես** հեռատեսիլը։
Switch on the light, please.
It is best to switch off the television.

2897 to **switch**

խոյանալ, սլանալ

2898 to **swoop**

սուր, թուր

2899 **sword**

մոլաթզենի

2900 **sycamore**

քաղցրահիւթ

2901 **syrup**

սեղան

2902 table

սեղանի **ծածկոց, սփռոց**

2903 tablecloth

դեղահատ

2904 tablet

լայնագլուխ **գամ**

2905 tack

ձեռք առնել

Անին այս հարցը շուտով պէտք է **ձեռք առնէ**:
Ani must tackle this problem soon.

2906 to tackle

Շերեփուկը գորտի ձագն է:

2907 tadpole

պոչ

2908 tail

առնել, ստանձնել

2910 to take

քակել

2911 to take apart

տանիլ

2912 to take away

վերադարձնել

2913 to take back

հանել, վերցնել

2914 to take off

թռիչք առնել

2915 to take off

դուրս բերել

2916 to take out

հետը տանիլ

2917 take-out/take-away*

դերձակ

2909 tailor

Պատմութիւն մը պատմէ:

2918 tale

տաղանդ

Անին պարելու **տաղանդ** ունի:
Պարը կը պահանջէ թէ՛ **տաղանդ**, թէ՛ աշխատանք:
Ani has a talent for dancing. Dance requires both talent and hard work.

2919 talent

խօսիլ

2920 to talk

բարձրահասակ

2921 tall

դափ

2922 tambourine

Առիւծը **ընտելացուած** է:

2923 tame

արեւէն գոյն առած, **թխաթոյր**

2924 tan

մանտարին

2925 tangerine

թնճուկուած

2926 tangled

ջրամբար

2927 tank

քարիւղատար նաւ

2928 tanker

Այս **ծորակը** կը կաթի:

2929 tap

կպչուն երիզ

2930 tape

երիզով **փակցնել**

2931 to tape

ձայներիզի արձանագրիչ

2932 tape recorder

կուպր, ձիւթ

2933 tar

թիրախ, նշանակէտ

2934 target

թարխուն

2935 tarragon

Մրգահայսը պտուղով կարկանդակ է:

2936 tart

պարտականութիւն, գործ

2937 task

համտեսել

2938 to taste

համեղ

Այս՝ շատ **համեղ** ուտելիք է:

This is very tasty food.

2939 tasty

վարձակարգ

2940 taxi

գաւաթ մը **թէյ**

2941 a cup of **tea**

ուսուցանել, սորվեցնել

2942 to **teach**

մեր **ուսուցչուհին**

2943 **teacher**

Բոլորս նոյն **խումբէն** ենք։

2944 **team**

թէյաման

2945 **teapot**

արցունք

2946 **tear**

պատռել

2947 to **tear**

Էջերը մի՛ **փրցներ**։

2948 to **tear out**

հեռագիր

2949 **telegram**

հեռաձայն

2950 **telephone**

հեռաձայնել

2951 to **telephone**

հեռադիտակ

2952 **telescope**

հեռատեսիլ

2953 **television**

ըսել, իմացնել

2954 to **tell**

բնաւորութիւն

Կորիւն ջղային **բնաւորութիւն** ունի։

Gorune has a bad **temper**.

2955 **temper**

ջերմութիւն

2956 **temperature**

տասը խնձոր

2957 **ten** apples

թենիսի ձեռնադիակ եւ գնդակ

2958 **tennis** racquet and ball

թենիսի կօշիկ

2959 **tennis** shoe

Անին **վրանի** տակ քնացած է։

2960 **tent**

տասներորդ

2961 tenth

համակարգիչի սարք

2962 terminal

ջուրը **փորձել**

2963 to test the water

շնորհակալութիւն յայտնել

2964 to thank

Ձիւնը **կը հալի** գարնան:

2965 to thaw

թատրոն

2966 theater/theatre*

Գնդակը **հոն** է:

2967 there

ջերմաչափ

2968 thermometer

հաստ

2969 thick

Գողը նաեւ **աւազակ** կը կոչուի:

2970 thief

զիստ

2971 thigh

մատնոց

2972 thimble

նիհար, բարակ

2973 thin

առարկայ, բան

Մարդը **առարկայ** չէ:
Անին զուարճալի **բաներ** կ'ըսէ:

A person is not a thing.
Ani says many funny things.

2974 thing

մտածել, խորհիլ

2975 to think

երրորդ խղունջը

2976 third

ծարաւ ուղտ մը

2977 thirsty

ուղտափուշ

2978 thistle

Փուշը ձեռքդ կը ծակէ:

2979 thorn

դերձան

2980 thread

Թելը ասեղին ծակէն անցնել

2981 to thread

Երկինքէն **երեք** խնձոր ինկաւ

2982 three

սեմ, մուտք

2983 threshold

կոկորդ

2984 throat

թագուհիին **գահը**

2985 throne

նետել

2986 to throw

դուրս տալ

2987 to throw up/be sick*

բթամատ

2988 thumb

Որոտումը կը լսե՞ս:

2989 thunder

փոթորիկ, ամպրոպ

2990 thunderstorm

Հինգշաբթի

Հինգշաբթին շաբթուան չորրորդ օրն է:
Անին **Հինգշաբթի** օրերը լողալու դասի կ'երթայ:

Thursday is the fourth day of the week.
Ani goes to swimming class on Thursdays.

2991 Thursday

ծոթրին

2992 thyme

հանրակառքի **տոմսակ** մը

2993 ticket

խտխտել

2994 to tickle

Երկուքէն մէկը գոնէ **կոկիկ** է:

2995 tidy

փողկապ

2996 tie

վագր

2998 tiger

Գօտին **կը սեղմէ:**

2999 to tighten

սալիկ

3000 tiles

կապել

2997 to tie

՝թեքիլ, հակիլ

3001 to **tilt**

Ժամը քանի՞ է:

3002 What **time** is it?

մանրիկ

3003 **tiny**

Նաւը **շրջեցաւ**:

3004 to **tip**

մատներու վրայ քալել

3006 **tiptoe**

Նոր **անիւ** մը գնէ:

3007 **tire/tyre***

յոգնած

3008 **tired**

ձեռաձիր տալ

3005 to **tip**

Դոդոշը մեծ գորտն է:

3009 **toad**

կասկարած, կարմրած հաց

3010 **toast**

հացի **կասկարայ**

3011 **toaster**

այսօր

Դպրոցը կը սկսի **այսօր**:
Այսօր մայրերու տօնն է:

School starts today.
Today is Mothers' day.

3012 **today**

ոտքի մատ

3013 **toes**

Մենք **միասին** նստած ենք:

3014 We are sitting **together**.

արտաքնոց

3015 **toilet**

լոլիկ

3016 **tomato**

շիրիմ, գերեզման

3017 **tomb**

վաղը

Վաղը տարբեր օր մըն է:
Անին **վաղը** ահրամողէզներ պիտի տեսնէ թանգարանին մէջ:

Tomorrow is another day.
Ani is going to see dinosaurs at the museum tomorrow.

3018 **tomorrow**

ունելի

3019 **tongs**

Լեզուդ դուրս մի՛ հաներ:

3020 **tongue**

Մէկ **թոն** կը կշռէ:

3021 It weighs a ton.

Նշագեղձեր

3022 tonsils

գործիքներ

3023 tools

ակռայ, ատամ

3024 tooth

ակռայի ցաւ

3025 toothache

ակռայի վրձին

3026 toothbrush

ատամնախիւս

3027 toothpaste

գագաթ, վերնամաս

3028 top

տապալիլ

3030 to topple

ողիմպիական **ջահը**

3031 torch

թաթառ, պտուտահողմ

3032 tornado

Հոլը կը դառնայ:

3029 top

հեղեղ

3033 torrent

կրիայ

3034 tortoise

Ան գնդակը **կը նետէ**:

3035 to toss

դպչիլ

3036 to touch

դիմացկուն, տոկուն

3037 I am tough.

Ինքնաշարժը **քաշելով կը տանի**:

3038 to tow

Անիին **անձեռոցը** թաց է:

3039 towel

աշտարակ

3040 tower

աւան

3041 town

Խաղալիքներդ հաւաքէ:

3042 toys

ուրուագծել

3043 to trace

երկաթուղի

3044 track

քաշող մեքենայ

3045 tractor

փոխանակել

3046 to trade

խիտ երթեւեկութիւն

3047 traffic

լուսանիշ

3048 traffic light

հետք

3049 trail

կցասայլ, յետսակառք

3050 trailer

գնացք, շոգեկառք

3051 train

մարզել

3052 to train

թափառաշրջիկ

3053 tramp

կոխկռտել

3054 to trample

ոստմնացանց

3055 trampoline

Ապակին թափանցիկ է:

3056 transparent

փոխադրել

3057 to transport

փոխադրակառք

3058 transporter/lorry*

թակարդ

3059 trap

ճօճաձող

3060 trapeze

ճամբորդել

3061 to **travel**

լեցուն **ափսէ** մը

3062 **tray**

անիւի հիւսք

3063 **tread**

գանձ

3064 **treasure**

ծառ

3065 **tree**

Ան վախէն **կը դողդողայ:**

3066 to **tremble**

խրամ

3067 **trench**

դատավարութիւն

3068 **trial**

Եռանկիւնը երեք կողմ ունի:

3069 **triangle**

հնարք

3070 **trick**

Ջուրը վար **կը կաթկթի:**

3071 to **trickle**

եռանիւ հեծիկ

3072 **tricycle**

ղէնքին **բլթակը**

3073 **trigger**

Մազը **կտրելով կը յարդարէ:**

3074 to **trim**

կարճ **պտոյտ** մը

3075 a short **trip**

սայթաքիլ

3076 to **trip**

հանրակառք

3077 **trolley bus**

Նժոյգը **կը վարգէ:**

3078 to **trot**

Խոզը **կուրէն** ճաշ կ'ուտէ:

3079 **trough**

տաբատ

3080 **trousers**

կարմրախայտ

3081 trout

ծեփիչ

3082 trowel

բեռնատար

3083 truck/lorry*

ճիշդ, իրական

Ճի՞շդ է թէ սխալ:
Իրակա՞ն պատմութիւն է:

True or false?
Is that a true story?

3084 true

շեփոր, փող

3085 trumpet

մեծ սնտուկ

3086 trunk

կոճղ

3087 trunk

փիղին **կնճիթը**

3088 trunk

վստահիլ

3089 to trust

Ճշմարտութիւնը խոստովանէ:

3090 truth

Փորձել

Փորձէ յիշել, թէ ո՞ւր դրիր առարկաներդ:
Դարձեալ պէտք է **փորձես**:

Try to remember where you put your things.
You must try again.

3091 to try

տաշտ, լոգարան

3092 tub

խողովակ

3093 tube

Երեքշաբթի

Երեքշաբթին շաբթուան երկրորդ օրն է:
Երեքշաբթի օրերը Անին դաշնակի դաս ունի:

Tuesday is the second day of the week.
On Tuesdays, Ani has piano lessons.

3094 Tuesday

քաշել

3095 to tug

Կակաչը ծաղկած է:

3096 tulip

գլորիլ

3097 to tumble

փապուղի

3098 tunnel

հնդկահաւ

3099 turkey

դարձնել

3100 to turn

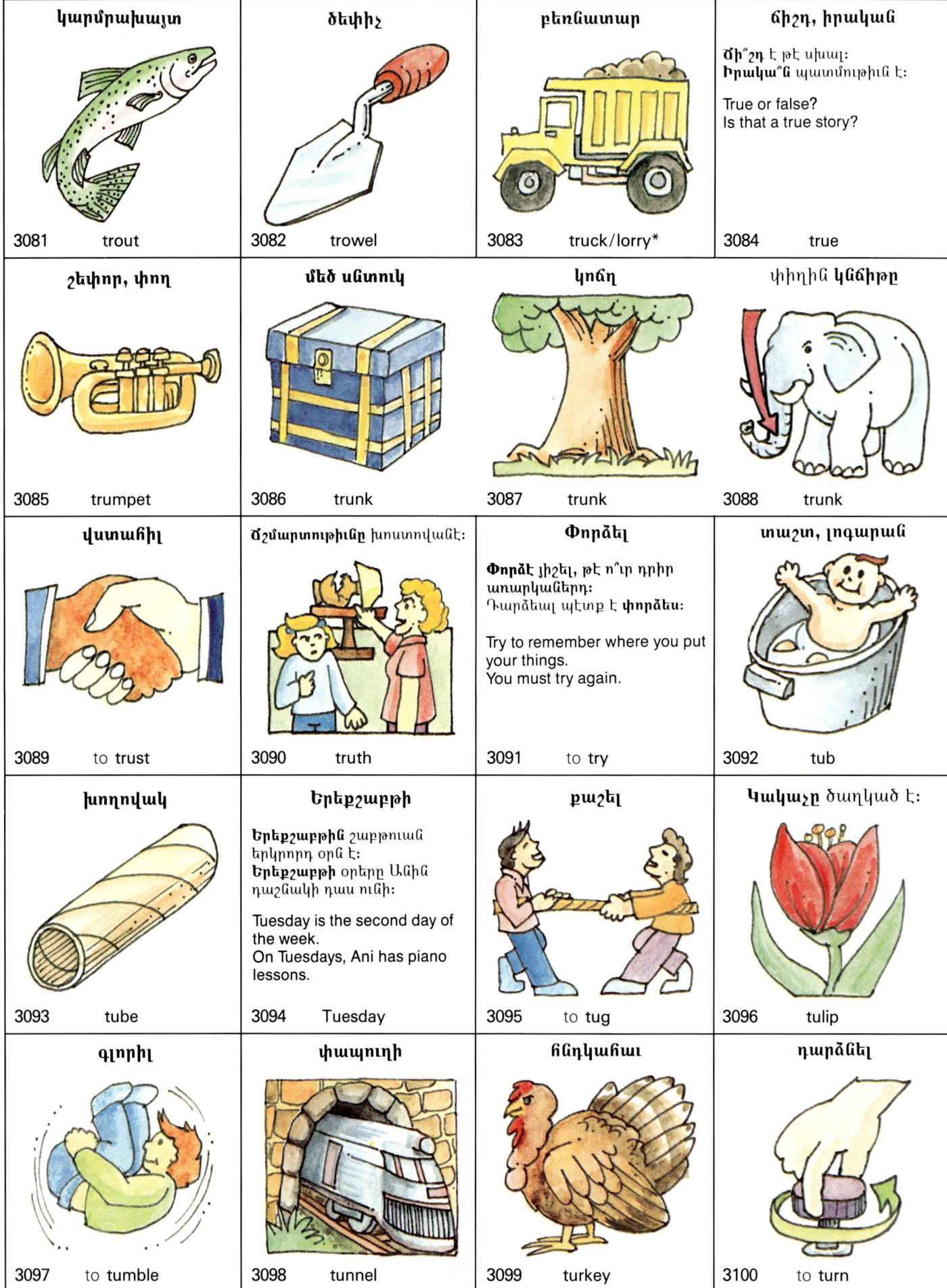

մարել

3101 to turn off

վառել

3102 to turn on

ընթացք, դուրս գալ

Դէպքերը լաւ **ընթացան**:
Սեւակը գէշ տղայ **դուրս եկաւ**:

Things turned out well.
Sevag turned out to be a bad boy.

3103 to turn out

շրջել

3104 to turn over

շողգամ

3105 turnip

ձայնապնակն ու **դարձայատակը**

3106 turntable

փերուզագոյն

3107 turquoise

փոքր աշտարակ

3108 turret

կրիայ

3109 turtle

փղոսկր

3110 tusk

մազքաշ

3111 tweezers

երկու անգամ, կրկնապատիկ

Անին **երկու անգամ** կենդանաբանական պարտէզ գացած է:
Արան գիրքերուն **կրկնապատիկը** ունի:

Ani has been to the zoo twice.
Ara has twice as many books as I.

3112 twice

ոստ

3113 twig

երկուորեակ եղբայրներ

3114 twins

Աստղերը **կը փայփլին**:

3115 Stars twinkle.

արագ-արագ **դարձնել**

3116 to twirl

ոլորել

3117 to twist

երկու

3118 two

Հայրիկը **կը մեքենագրէ**:

3119 to type

գրամեքենայ

3120 typewriter

Աև **տգեղ** է, բայց՝ ազնիւ։

3121 ugly

հովանոց

3122 umbrella

քեռի, հօրեղբայր

Քեռիս մօրեղբայրս է։
Հօրեղբայրս հօրս եղբայրն է։

My uncle is my mother's brother.
My uncle is my father's brother.

3123 uncle

տակ, վար

Անին պահուըտած է ծածկոցին **տակ**։
Հինգ տարեկանէն **վար** պզտիկները չեն կրնար երթալ։

Ani is hiding under the covers.
Children under 5 cannot go.

3124 under

հասկնալ

3125 to understand

ներքնազգեստ, ներմակեղէն

3126 underwear

հանուիլ

3127 to undress

ապերջանիկ

3128 unhappy

միեղջիւր

3129 unicorn

զինուորական **համազգեստ**

3130 uniform

համալսարան

3131 university

բեռնաթափել

3132 to unload

կղպանքը բանալ

3133 to unlock

ծրարը բանալ

3134 to unwrap

ուղիղ կանգնած

3135 upright

գլխիվայր կեցած

3136 upside-down

Մայրս պղպեղ **կը գործածէ**։

3137 to use

սպառել

3138 to use up

շատ **օգտակար** դանակ մը

3139 useful

Արձակուրդը հաճելի էր:

3140 vacation/holiday*

շոգի

3141 vapor/vapour*

Տախտակը **կը ջնարակէ:**

3142 to varnish

ծաղկաման

3143 vase

հորթի միս

3144 veal

բանջարեղէն

3145 vegetable

կառք, մեքենայ

3146 vehicle

Քօղով դէմքը ծածկած է:

3147 veil

երակ

3148 vein

ժահր, թոյն

Ժահրը թունաւոր օձերու **թոյնն** է:
Կարգ մը միջատներ եւս **թունաւոր** են:

Venom is the poison of a poisonous snake.
Some insects also have venom.

3149 venom

ուղղահայեաց

3150 vertical

շատ

Անին կը կարծէ, որ իր Կարօ եղբայրը **շատ** խելացի է:
Շատ շուտով ապուրը պատրաստ կ'ըլլայ:

Ani thinks her brother Garo is very clever.
Very soon the soup will be ready.

3151 very

բանկոնակ

3152 vest/waistcoat*

անասնաբոյժ

3153 veterinarian/veterinary surgeon*

ոճիրի **զոհ** մը

3154 victim

պատկերիզի մեքենայ

3155 video recorder

Պատկերիզը գործածել գիտե՞ս:

3156 video tape

տեսարան, տեսակէտ

Ի՜նչ գեղեցիկ **տեսարան** է լերան գագաթէն:
Մեզմէ իւրաքանչիւրը ինքն իր **տեսակէտը** ունի:

What a wonderful view from the top of the mountain!
We each have our own point of view.

3157 view

գիւղ

3158 village

անզգամ, չարագործ

3159 villain

Որթատունկը խաղող կու տայ:

3160 vine

քացախ

3161 vinegar

մանուշակ

3162 violet

ջութակ

3163 violin

մուտքի արտօնագիր

3164 visa

տեսանելի

Այնքան ամպեր կան այս գիշեր, որ աստղերը դժուար **տեսանելի** են:

There are many clouds tonight and the stars are barely visible.

3165 visible

այցելել

3166 to visit

հովար, երեսկալ

3167 visor

բառապաշար

Հարուստ **բառապաշար** ունեցողը՝ շատ բաներ գիտէ: Այս բառարանը կ'օգնէ հարստացնելու **բառապաշարդ**:

A good vocabulary is very important.
This dictionary helps increase your vocabulary.

3168 vocabulary

ձայն

3169 voice

հրաբուխ

3170 volcano

ցանցագնդակ

3171 volleyball

կամաւոր օգնական մը

3172 volunteer

փսխել

3173 to vomit

քուէարկել

3174 to vote

քուէարկող

3175 voter

ձայնաւոր

Ա Ե Է Ը Ի Ո ՈՒ Օ
այբուբենի ձայնաւորներն են:

3176 vowel

ծովային երկար **ճամբորդութիւն** մը

3177 voyage

Անգղը գիշատիչ մըն է:

3178 vulture

Ջուրէն դժուար կը յառաջանայ:

3179 to wade

Ծակուկը խմորեղէն մըն է:

3180 waffle

սայլ

3181 wagon/cart*

ողբալ, հեծել

3182 to wail

Աղջիկը բարակ **մէջք** ունի:

3183 waist

Աղջիկը **կը սպասէ:**

3184 to wait

Մայրը զինք **կ'արթնցնէ:**

3185 to wake

քալել

3186 to walk

պատ

3187 wall

դրամապանակ

3188 wallet

ընկոյզ

3189 walnut

ծովափիղ

3190 walrus

մոգական **ցպիկ** մը

3191 wand

թափառիլ

3192 to wander

ուզել

Հայրիկը **կ'ուզէ,** որ Անին օգտակար ըլլայ պնակները լուալու:
Անին **կ'ուզէ** օգտակար ըլլալ, սակայն ջուր չկայ:

Dad wants Ani to help wash the dishes.
She wants to help but there is no water.

3193 to want

Անին կ'ատէ **պատերազմը:**

3194 war

հանդերձարան, հագուստ-կապուստ

3195 wardrobe

մթերանոց

3196 warehouse

տաք, ջերմ

3197 warm

Լաւ է **տաքնալ** կրակով:

3198 to warm up

զգուշացնել

3199 to warn

ճագարաբունարան

3200 warren

ռազմիկ

3201 warrior

գորտնուկ, կոճիճ

3202 wart

լուալ

3203 to wash up

լուացքի մեքենայ

3204 washing machine

լուացարան, բաղնիք

3205 washroom/toilet*

պիծակ, իշամեղու

3206 wasp

Ան իր ճաշը **կը վատնէ**:

3207 to waste

գրպանի **ժամացոյց** մը

3208 watch

Կատուն ձուկերը **կը դիտէ**:

3209 to watch

ջուր

3210 water

ցնցուղ

3211 watering can

ջրկոտմուկ

3212 watercress

Ջրվէժէն վար կ'իյնայ:

3213 waterfall

ձմերուկ

3214 watermelon

անջրանցիկ

3215 waterproof

ջրադահոյկ

3216 waterskiing

ալիք

3217 wave

ձեռքով բարեւել

3218 to wave

Ալեձեւ մազեր ունի:

3219 wavy

մեղրամոմ

3220 wax

տկար

3221 weak

վտանգաւոր **զէնք** մը

3222 weapon

հագնիլ

3223 to wear

աքիս

3224 weasel

Այսօր **օդը** ինչպէ՞ս է:

3225 weather

հիւսել

3226 to weave

մաշկոտն, թաղանթոտն

3227 web foot

պսակ

3228 wedding

սեպ, սեպաձեւ

3229 wedge

Չորեքշաբթի

Չորեքշաբթին շաբթուան երրորդ օրն է:
Չորեքշաբթի օր Անին աղբը դուրս կը հանէ:

Wednesday is the third day of the week.
On Wednesday, Ani takes out the garbage.

3230 Wednesday

Մոլախոտը վնասակար է:

3231 weed

Շաբաթը եօթը օր է:

3232 week

շաբաթավերջ

Շաբաթն ու Կիրակին **շաբաթավերջ** մը կը կազմեն:
Օդերեւութաբանը կ'ըսէ, որ այս **շաբաթավերջին** պիտի անձրեւէ:

Saturday and Sunday make a weekend.
The weatherman says it will rain this weekend.

3233 weekend

Ան շարունակ **կու լայ**:

3234 to weep

կշռել

3235 to weigh

տարօրինակ նկար մը

3236 weird

Մայրս **կ'ողջունէ** հիւրերը:

3237 to welcome

ջրհոր

3238 well

Լաւ կը զգամ:

3239 I feel **well.**

Արեւմուտք

3240 west

թաց, խոնաւ

3241 wet

կէտ

3243 whale

նաւամատոյց

3244 wharf

ինչ

Ի՞նչ պատահած է փիսոյի մուշտակին:
Անի, **ի՞նչ** ըրիր կատուիդ:

What has happened to Tigger's fur?
Ani, what did you do to your cat?

3245 what

թրջել

3242 to wet

ցորեն

3246 wheat

անիւ

3247 wheel

միանիւ ձեռնասայլ

3248 wheelbarrow

շարժական աթոռ

3249 wheelchair

երբ

Ե՞րբ մօրաքոյր Աշխէնը պիտի գայ մեզի, հայրիկ:
Ե՞րբ կը սկսի շաբաթավերջը:

When is Aunt Ashkhen coming, Dad?
When the weekend starts.

3250 when

ուր

Կորսուած ենք եւ մաման **գաղափար չունի թէ ո՞ւր** կը **գտնուինք:**

We are lost and Mom has no idea where we are.

3251 where

ո՞ր մէկը

3252 which one

տզտզալ, վնգվնգալ

3253 to whine

մտրակ

3254 whip

խոլոմուկ

3255 whippoorwill

հաւկիթի ծփոց

3256 whisk

կատուի պեխ

3257 whisker

Աղջիկները **կը փսփսան**:

3258 to **whisper**

սուլիչ

3259 **whistle**

սուլել

3260 to **whistle**

ճերմակ, սպիտակ

3261 **white**

Ո՞վ կը մեկնի:

3262 **Who** is going?

ինչո՞ւ

Կ'ուզեմ գիտնալ, թէ **ինչո՞ւ** Անին փողկապս առաւ:
Ինչո՞ւ չի կրնար յիշել:

I want to know why Ani took my tie.
Why can she not remember?

3263 **why**

Պատրոյգը դանդաղ կը վառի:

3264 **wick**

չարակամ, չարամիտ

3265 **wicked**

լայն

3266 **wide**

կին եւ ամուսին

3267 **wife**

Առիւծը **վայրի** անասուն է:

3268 The lion is a **wild** animal.

ուռի, ուռենի

3269 **willow**

թոռմիլ, թառամիլ

3270 to **wilt**

ճարամիտ, խորամանկ

3271 **wily**

շահիլ, յաղթել

3272 to **win**

ցաւէն ցնցուիլ եւ ընկրկիլ

3273 to **wince**

հով

3274 **wind**

լարել

3275 to **wind**

հովարգել բաճկոն

3276 **windbreaker**

հողմաղաց

3277 **windmill**

պատուհան

3278 window

հովարգել ապակի

3279 windshield/windscreen*

Գինի կը խմե՞ս:

3280 wine

թռչունին **թեւերը**

3281 wing

աչք **քթթել**, աչք **թարթել**

3282 to wink

ձմեռ

3283 winter

սրբել, սրբելով **չորցնել**

3284 to wipe

մետաղալար,
ելեկտրալար

3285 wire

իմաստուն, խելացի

Մեծ հայրիկը **իմաստուն** ծերունի մըն է:

Grandfather is a wise old man.

3286 wise

բաղձանք մը կատարել

3287 to make a wish

վհուկ

3288 witch

կախարդ

3289 wizard

գայլ

3290 wolf

մարդ մը եւ **կին** մը

3291 woman

զարմանալ, ապշիլ

3292 to wonder

հրաշալի

3293 wonderful

փայտ

3294 wood

փայտփորիկ

3295 woodpecker

անտառ

3296 woods

տախտակի վրայ աշխատանք

3297 woodwork

բուրդ

3298 wool

Տարօրինակ **բառ** մը ըսաւ:

3299 word

Տարբեր տեսակի **աշխատանքներ** կան:

3300 work

աշխատիլ

3301 to work

աշխատանոց

3303 workshop

աշխարհ

3304 world

որդ

3305 worm

մարզանք կատարել

3302 to work out

Ան **կը մտահոգուի:**

3306 to worry

վէրք

3307 wound

փաթթել, ծրարել

3308 to wrap

ծաղկեպսակ

3309 wreath

խլեակ

3310 wreck

ցախսարիկ

3311 wren

գօտեմարտիլ

3312 to wrestle

քամել

3313 to wring

դաստակ

3314 wrist

ձեռքի ժամացոյց

3315 wristwatch

գրել

3316 to write

սխալ

Կը կարծեմ որ մեր հանրակառքը **սխալ** կողմ կ'երթայ:
Պատասխանդ **սխալ** է:

I think our bus is going the wrong way.
Your answer is wrong.

3317 wrong

շողարձակ նկար

3318 X-ray

փայտադաշնակ

3319 xylophone

զբօսանաւ

3320 yacht

շրջափակ

3321 yard/garden*

յօրանջել

3322 to yawn

Տարի մը եւս անցաւ:

3323 year

գոռալ, աղաղակել

3324 to yell

դեղին

3325 yellow

այո

Այո՞ կ'ըսես, ո՞չ, թէ՝ գուցէ:
Եթէ **այո** ըսես, լաւ է որ
վստահ ըլլաս:

Is it yes, is it no, or is it maybe?
If you say yes, you had better
be sure.

3326 yes

երէկ

Երէկ Անին հիւանդացաւ շատ
պաղպաղակ ուտելէն:
Ի՞նչ ըրիր **երէկ:**

Yesterday Ani was sick from
eating too much ice cream.
What did you do yesterday?

3327 yesterday

տեղի տալ, զիջիլ

3328 to yield/give way*

հաւկիթին **դեղնուցը**

3329 yolk

դեռատի, մատղաշ

3330 young

վագրաձի

3331 zebra

զէրօ

3332 zero

սահանափակիչ

3333 zipper/zip*

կենդանաբանական պարտէզ

3334 zoo

ուղղաձիգ **վեր թռչիլ**

3335 to zoom

դդում

3336 zucchini/courgette*

ա

ագահ 1197
ագարակ 957
ագարակապան 958
ագեվազ 1512
ագռաւ 681, 2351
ադամանդ 759
ադլաս 119
ազատ արձակել 2394
ազատել 2404
ազատքեղ 2029
ազգ 1876
ազգական 2392
ազգութիւն 1876
ազդարարիչ 1374
ազնիւ 1120, 1529, 1917
ազնուական 1121, 1918
ազնուամորի 2347
աթոռ 482, 2551, 3249
աթոռակ 2827
աժան 497
ալ 57
ալեձեւ 3219
ալիւր 1030
ալիք 3217
ալկարմիր 2522
ախոյեան 484
ախոռ 2785
ախտ 782
ածելի 2356
ածիլել 2589
ածիլուիլ 2589
ածուխ 490
ականջ 859
ակնկալել 924
ակնոց 934, 1152, 1163
ակռայ 3024
ակռայի վրձին 365
ակռայի ցաւ 3025
ակօսիկ 1214
ահազանգ 2651
ահռամողէզ 773
աղ 2495
աղալ 1206
աղաղակել 3324
աղանդեր 752
աղաչել 2157
աղաւնի 808, 2114
աղբ 1103, 2466
աղբակոյտ 850
աղբաման 1104
աղբիւր 2774
աղեղ 322
աղէտ 779
աղիւս 343
աղկեր 2502
աղկիոն 1531
աղմուկ 1920, 2328
աղուափետուր 1034
աղուէս 1063
աղուոր 2234
աղջամուղջ 854
աղջիկ 734, 1144
աղտոտ 776, 1204
աղցան 2492
աղքատ 2195
աղօթել 2226
աղօտ 768
աճապարել 1405, 2479
աճիլ 1219
աճպարար 1712
աճպարարութիւն 1711
աման 784, 1516, 2151
ամառ 2867
ամբաստանել 9, 492
ամբարիշտ 379
ամբարտակ 723
ամբոխ 682
ամէն 914
ամէնօրեայ 720
ամիս 1828
ամուսին 1407
ամուսնանալ 1740
ամուր 1003, 1207
ամչկոտ 2633
ամչնալ 889
ամպ 553
ամպրոպ 2990
ամրացնել 960
ամրոց 1057
այբուբեն 54
այծ 1162
այծքաղ 73
այո 3326
այսուհանդերձ 239
այսօր 3012
այտ 500
այտի փոսիկ 769
այրել 386, 2514
այրուձի 465
այցելել 3166
անակնկալ 2880
անանուխ 1800
անանուխի շաքար 2082
անապատ 750
անասնաբոյժ 3153
անասուն 66
անգամ 1948
անգղ 3178
անդամ 1771
անդամալոյծ 2021
անդրադառնալ 2361
անզբաղ 1421
անզգամ 3159
անթացուպ 688
անիւ 2741, 3007, 3247
անկարգել 2018
անկիւն 64, 630
անկողին 213, 669
անկողնի լոյս 214
անկուշտ 1197, 2352
անհանգիստ 1425
անհետանալ 778
անհոգ 441
անհրաժեշտ 1883
անձեռոց 1874, 3039
անձնակազմ 668
անձնական 2249
անձնասէր 2561
անձնատուր 2881
անձրեւ 833
անձրեւազգեստ 2339
անձրեւել 2337
անճոռնի 1215
անյագ 2352
անյայտանալ 778
անյոյս 1370
անուն 1873
անուանացանկ 1432
անուաչմուշկ 2449
անութ 98
անուշ 1477
անուշադիր 441
անուշահամ 2891
անուշահոտ 2086
անուշիկ 712, 1697
անպարկեշտ 785
անպիտան 1759, 1879
անջատ 78
անսովոր 2840
անտանելի 136
անտաշ 2460
անտառ 1051, 3296
անտեսանելի 1460
անտեսել 1891
անցագիր 2038
անցեալ 2039
անցնիլ 679
անցք 1570, 2036, 2071
անօգնական 1309
անօթ 1480
անօթի 1401
աշակերտ 2856
աշխատանոց 3303
աշխատանք 1356, 3300
աշխատիլ 3301
աշխատցնել 2798
աշխարհ 3304
աշխարհագրութիւն 1123
աշխարհացոյց 119
աշոր 2482
աշուն 131, 945
աշտարակ 3040, 3108
աչք 932
ապակի 1150, 3279
ապահովիչ 1094
ապառաժ 319
ապաստան 2596
ապաստարան 2596
ապարանջան 329
ապացոյց 2260
ապաքինիլ 699, 2375
ապերջանիկ 3128
ապուխտ 144
ապշեցնել 114
ապուշ 1420, 2643
ապուր 2733
ապսպրել 1963
ապստամբիլ 2367
ապտակել 2674
ապրիլ 88
ապրիլ 1167
աջ 2421
աջլիկ 2423
առագաստ 2488
առագաստահարթակ 2489
առագաստանաւ 1508, 2490, 2527
առած 2268
առակ 936
առաձգական 880
առանձին 51, 1684
առանցք 139
առաջ 222
առաջամաս 1077
առաջանալ 1058
առաջարկել 1939

առաջացնել 21
առաջին 1004
առաջնորդ 1598
առաջնորդել 1225, 1597
առասան 2853
առասպել 1612
առաստաղ 467
առատաձեռն 1119
առարկայ 2974
առաւել 2170
առաւելութիւն 22
առաւօտ 1834
առաքել 2208
առեւանգել 1521
առջեւ 33, 1077
առնել 1128, 2910
առնէտ 2348
առողջ 1291
առոգանութիւն 6
առու 667
առուակ 2845
առույտ 554
ասեղ 1890
ասեղնագործութիւն 891
Ասիա 109
ասպարաձուկ 2139
աստառ 1655
աստիճան 2812
աստղ 2795
աստղաբաշխ 116
աստղանաւորդ 115
ասր 1024
ասրագոյն 227
ասփիրին 113
ատաղձագործ 445
ատամ 3024
ատամնաբոյժ 748
ատամնախիւս 3027
ատրճանակ 2131
ատրճանակի փող 180
արագ 959, 2314, 2344
արագացնել 2747
արագացուցիչ 5
արագիլ 2833
արածիլ 1194
արահետ 2046
արատ 2787
արատաւորել 2700
արարած 666
արբանեակ 2507
արգելակ 332, 1252
արգելաձող 182
արգելք 1254
արգիլուած 2255
արդար 1510
արդէն 55
արդիական 1818
արդուկ 1465
արդուկել 1464
արդուկիչ 844
արեւ 2868
արեւածագ 2872
արեւածաղիկ 2871
արեւելք 866
արեւմուտք 3240
արթնցնել 3185
արթուն 134, 2698
արժանանալ 861
արի 2533
արիւնիլ 274
արծաթ 2644
արծիւ 858
արկած 7
արկածախնդրութիւն 23
արկղ 453
արձագանգ 872
արձակել1068, 1403, 2132
արձակում 2133
արձակուրդ 1351, 3140
արձանագրել 2387
արձանագրիչ 2932
արմատ 2454
արմուկ 881
արշաւանք 2334
արշաւել 1097, 1457
արու 1721
արուեստագէտ 105
արջ 205
արջախոզ 1217
արջամուկ 1249
արջային 93
արտադրել 2253
արտադրութիւն 2252
արտասանել 2259, 2372
արտաքնոց 3015
արտեւանունք 935, 1578
արտոյտ 1577, 2670
արտուտիկ 2670
արցունք 2946
արտօնագիր 3164
արտօնաթիւ 1629
արքայախնձոր 2126
արքայական 2464
աւազ 2315, 2498
աւազախրիլ 32
աւազակ 385, 2970
աւազան 1062, 2191
աւան 3041
աւարտել 995
աւել 357
աւելի 1853
աւելի լաւ 241
աւելցուք 2466
աւերակ 2471
աւիշ 2501
աւլել 2890
աւոգադօ 133
Աւստրալիա 128
աւրուած 2763
աւրուիլ 940
ափ 2616
ափ ձեռքի 2006
ափսէ 3062
Ափրիկէ 25
աքիս 3224
աքցան 2123, 2161

Բ

բադ 847
բազէ 1282
բազկաթոռ 96
բազմաթիւ 2572
բազմապատկել 1856
բազմոց 2719
բազուկ 95
բազրիք 165, 1256, 2335
բաթիլ 2713
բաժին 2110
բաժնել 794, 2582
բալատուր 455
բալխիր 2677
բախել 2343
բախիլ 579
բախում 580
բախտաւոր 1700
բահ 2739
բաղաձայն 614
բաղդատել 596
բաղեղ 1471
բաղձանք 3287
բաղնիք 193, 3205
բաճկոն 1473
բաճկոնակ 3152
բամպակ 636
բայց 393
բան 2974
բանալ 1953, 3133
բանալի 805, 1424, 1517
բանալի նշան 557
բանալիք 317, 418
բանակավայր 416
բանակում 415
բանջարանոց 1105
բանջարեղէն 3145
բանտ 1476
բանտարկեալ 2248
բաշխատախտակ 2010
բաշխել 1251
բաշխիչ 1112
բառ 3299
բառապաշար 3168
բառարան 762
բառացանկ 1432
բարակ 2973
բարդ 195
բարեկամ 1073
բարեկենդան 444
բարեւ 1305
բարեւել1201, 2496, 3218
բարի 1907
բարկացած 65
բարձ 707, 2119
բարձի երես 2120
բարձր 1328
բարձրախօս 378, 1693
բարձրահասակ 2921
բաձրաձայն 53, 1692
բաձրասլաց 1329
բարձրավանդակ 2152
բարտի 2197
բաց 1952
բացագանչութեան
նշան 918
բացակայ 4
բացատրել 928
բացատրութիւն 758, 1450
բացի 239
բացիկ 2210
բացուածք 1101
բացօթեայ 1971
բաւական 900
բեղմնափոշի 2189
բեմ 2786
բեռնաթափ 852
բեռնաթափել 851, 3132

բեռնակիր 2205
բեռնատար 3083
բեռցնել 1672
բերան 1848, 2768
բերդ 1161
բերդապահ 1161
բերել 351
բերք 677, 2252
բեւեռ 93
բեւեռային արջ 2183
բզէզ 221
բթամատ 2988
բժիշկ 798
բիր 190
բիւրեղ 690
բլթակ 3073
բլիթ 621
բլուր 1333
բխրուն 353
բմբուլ 1034
բնական 1877
բնակարան 1389
բնակիլ 1439
բնաւ 75
բնաւորութիւն 2955
բնութիւն 1878
բշտիկ 278
բոժոժաւոր օձ 2350
բոլոր 46
բողբոջ 370
բողկ 2331
բողոքել 2265
բոյն 1899
բոյս 1314, 2145
բոպիկ 171
բոց 271, 1013
բու 1981
բութ 293
բուժուիլ 699, 1290
բուն 2859
բուստ 625
բուրգ 2303
բուրդ 1024, 3298
բջիջ 470
բռնագրաւել 1332
բռնակ 805, 1255, 1544
բռնել 435, 459, 1127, 1348
բռնցքամարտիկ 326
բռունցք 1008
բրածոյ 1059
բրաձուկ 570
բրդոտ 2578
բրինձ 2416
բրիչ 2104
բրջան 655
բրքուկ 354

Գ

գագաթ 2058, 3028
գազան 207
գազար 2030
գալ 587
գահ 2985
գաղափար 1418
գաղջ 1072
գաղտնի ոստիկան 755
գաղտնիք 2555
գաճաճ 856, 1790
գամ 1868, 2909
գամել 1871
գայլ 3290
գանգուր 701
գանգուրցնել 700
գանկ 2668
գանկամաշկ 2517
գանձ 3064
գառնուկ 1561
գարեջուր 219
գարի 176
գարնանածաղիկ 2240
գարշահոտ 1060, 2702
գարշապար 67
գարուն 2773
գաւազան 2816
գաւաթ 696, 1151
գեղանկար 2001
գեղեցիկ 209
գետ 2436
գետաձի 1337
գետափ 2616
գետին 1216, 1566
գետնախնձոր 2213
գետնապիստակ 2060
գերան 1682
գերեզման 1191, 3017
գերշուկայ 2874
գերվաճառատուն 749
գէշ 145
գէր 961
գիծ 1652
գին 2236
գինի 3280
գինձ 609
գիշերազգեստ 2302
գիտակցիլ 2361
գիտնալ 1547
գիրուկ 2168
գիրք 305
գիւղ 3158
գիւղի տուն 635
գլան 715
գլանիկ 531
գլխագիր 433
գլխանոց 1363
գլխապտոյտ 795
գլխարկ 237, 430, 1276
գլխացաւ 1288
գլորիլ 2448, 3097
գլուխ 1287
գծանիշ 494
գծել 816
գմբէթ 802
գնացք 3051
գնացքավար 606
գնդակ 155
գնդամուղ 249
գնդիկ 1732
գնել 398
գնչու 1142
գոգնոց 89
գոհար 1117, 1488
գող 385, 2440, 2970
գողնալ 339, 2805
գոմ 177
գոմէշ 371
գոյն 581
գոյութիւն ունենալ 921
գոռալ 3324
գովաբանել 2224
գորգ 446
գործ 1490, 2937
գործադուլ 2851
գործածել 3137
գործարան 938
գործիք 3025
գործողութիւն 1954
գորտ 1075
գոցել 548
գութ 1773
գութան 2162
գուլպայ 1618, 2717, 2823
գումարել 16
գունտ 2750
գչիր 518, 827
գռեհիկ 2469
գտնել 780
գրադարակ 306
գրադարան 1628
գրամեքենայ 3120
գրասեղան 751
գրատախտակ 262, 2676
գրաւոր քննութիւն 915
գրքի գլուխ 488
գրքի շապիկ 1474
գրեթէ 50
գրել 3316
գրիչ 2074, 2317
գրութիւն 1777
գրպան 2173
գօտեմարտիլ 3312
գօտի 233

Դ

դագաղ 572
դադար առնել 2050
դալարուկ 1592
դահոյկ 2661
դահուկել 2662
դանակ 1542
դանակոտել 2675
դանդաղեցնել 2695
դանդաղիլ 2695
դաշնակ 2101
դաշնափող 1375
դաշոյն 719
դաշտ 982, 2140
դաշտագետին 1756, 2140, 2223
դառն 258, 2734
դառնալ 3029
դաս 1620
դասական պար 157
դասարան 538, 1177
դաստակ 3314
դատապարտութիւն 2566
դատավարութիւն 3068
դատաւոր 1496
դար 476
դարակ 818, 2594

դարակարան 823
դարան 401
դարբին 264
դարձեալ 28
դարձնել 2769, 3100, 3116
դարձուածք 235
դարմանատուն 545
դափ 2922
դգալ 2766
դդում 2283, 2779, 3336
Դեկտեմբեր 739
դեղ 1765
դեղագործ 2096
դեղահատ 2171, 2904
դեղարան 2097
դեղին 3325
դեղձ 2056
դեղձան 283
դեղձանիկ 420
դեռատի 3330
դերձակ 2909
դերձան 2980
դէժացնել 2824
դէմք 937
դժոխք 1304
դիակ 631
դիմակ 1743
դիմակահանդէս 444
դիմանկար 2206
դիմաց 15, 1956
դիմացկուն 3037
դիտել 1686, 1931, 3209
դիւրաբեկ 353, 1065
դլփին 801
դղեակ 456
դնդեր 1859
դնել 2297
դնչակապ 1867
դշխուհի 2176
դողալ 2322, 2607
դողդողալ 2322, 2607, 3066
դոյլ 368, 1994
դոնդող 1484
դում 1033
դունչ 1867
դուռ 804
դուստր 734
դուրս 1971
դուրս բերել 2916
դուրս գալ 2814, 3103
դուրս տալ 2346, 2987
դուքս 849
դպչիլ 3036
դպրոց 2526
դրախտ 1298
դրամ 454, 485, 1824
դրամանիշ 274
դրամապանակ 3188
դրամատուն 166
դրացի 1893
դրոշմաթուղթ 2793
դրօշ 1011
դքսուհի 846
դօդօշ 3009

Ե

եգիպտացորեն 629
եզ 1983
եզակի 2647
եզերք 2642
եզնիկ 2809
եզր 874, 1607
եթէ 1422
ելակ 2844
ելեկտրալամպ 1639
ելեկտրածակ 2718
ելեկտրականագէտ 883
ելեկտրականութիւն 884
ելլել 922, 1131, 1160
ելոյթ 2085
եղան 2134, 2258
եղբայր 358
եղբօրորդի 1896
եղեամ 1078
եղեւին 996, 2777
եղեւնի 2125
եղէգ 2378
եղիճ 1900
եղնիկ 745
եղունգ 1869
եղջերու 887, 1833, 2390
եղջիւր 74
ենթադրել 1223
եռանիւ 3072
եռացնել 301
ետ-ետ երթալ 143
ետեւ 226
ետեւ երթալ 2410
ետք 26
երազ 819
երազել 820
երաժիշտ 1863
երաժշտութիւն 1862
երախ 1481
երակ 3148
երամ 1027
երանգապնակ 2005
երասանակ 1271
երբ 3250
երբեք 1901
երգ 2726
երգահան 599
երգել 2646
երգեհոն 1965
երգեհոնիկ 1271
երգչախումբ 521
երդիք 2451
երեխայ 1519
երեւան հանել 780
երեւիլ 82
երեւնալ 2625
երեք 2982
երեքշաբթի 3094
երէկ 3327
երթալ 1157, 1606
երթեւեկութիւն 3047
երիզ 161
երիկամունք 1522
երկաթէ դիմակ 1466
երկաթուղագիծ 2336
երկաթուղի 3044
երկար 1685
երկարաձեւ 1930
երկարիլ 1633
երկինք 2669
երկիր 643, 862
երկնաքար 1780
երկնաքեր 2671
երկննալ 1694
երկնցնել 2849
երկու 3118
երկուշաբթի 1823
երկուորեակ 3114
երկուքն ալ 315
երկվեցեակ 811
երկրաշարժ 864
երկրորդ 2554
երկրորդական վարժարան 1330
երշիկ 2707
երջանիկ 1266
երրորդ 2976
Եւրոպա 909
եփել 149, 2172
եօթը 2570
եօթնանկիւն 1313
եօթներորդ 2571

Զ

զայրացած 65
զանգ 229
զանգակ 229
զանգուած 1744
զառիթափ 2692, 2808
զառիվար 2692, 2808
զատել 2102, 2732
զատկաձձի 1557
զարդասեղ 355
զարդարանք 743
զարդարել 742
զարթուցիչ 42
զարկերակ 2280
զարմանալ 3292
զարմացնել 114
զարնել 164, 208, 1339, 2218, 2852
զբաղած 392
զբօսանաւ 3320
զգալ 973
զգայուն 2565
զգեստ 551
զգուշացնել 3199
զեղչ-վաճառք 2493
զետեղել 1594
զէնք 3222
զինուոր 2721
զիչիլ 3328
զիստ 2971
զղջալ 2388
զմելի 2078
զննել 916, 1447
զնտան 853
զոհ 3154
զոյգ 644, 806, 911, 2003
զուարթ 1775
զուարճանալ 1085
զուգահեռական 2020
զուիրակ 1964
զսպանակ 573, 2772

զտել 2838
զրահ 97
զօդագիծ 1412
զօդել 122
զօրավար 1118
զօրաւոր 2855

Է

էգ 974
էշ 803
էջ 1193

Ը

ըլլալ 199
ըմբոշխնել 898
ըմբոստանալ 2367
ըմպելարան 168
ընդլայնել 923
ընդհարում 580
ընդոստ կենալ 333
ընդօրինակել 624
ընել 796, 1719
ընթացք 3103
ընթրել 871
ընթրիք 772, 2875
ընկերակից 594, 595
ընկղմիլ 2649
ընկոյզ 1924, 3189
ընձառիւծ 1617
ընձուղտ 1143
ընտանիք 950
ընտելացնել 2923
ընտրել 534, 2102
ընտրաշրջան 791
ընտրութիւն 882
ըսել 2512, 2954

Թ

թագ 683
թագադրել 684
թագաւոր 1530
թագուհի 2312
թաթառ 1404, 3032
թաթպան 1811
թակարդ 3059
թակել 1545, 2343
թակիչ 1722
թաղանթոտն 3227
թաղել 388
թամբ 2486
թանգարան 1860
թանկարժէք 925
թաշկինակ 1264
թառ 2084
թառամիլ 3270
թառիլ 2453
թաս 324
թատրոն 2966
թարթել 277, 3282
թարթիչ 1578
թարխուն 2935
թարմ 1070
թաց 25, 1819, 3241
թաւալիլ 132
թափահարել 1014
թափանցիկ 3056
թափառաշրջիկ 3053
թափառիլ 3192
թափել 1132, 2754
թափթփած 2691
թեզանիք 2682
թեթեւցնել 1640
թել 2981
թելախմոր 2040
թելակոճ 2381
թերեւս 1753
թեւ 3281
թեւատ 2077
թեւնոց 695
թեքիլ 3001
թզուկ 856, 1790
թէ 1957
թէյ 2941
թէյաման 2945
թթու 12, 2734
թթուածին 1984
թի 1990
թիակ 1928, 2622
թիավարել 1991, 2463
թիթեղագործ 2167
թիթեղեայ 417
թիթեռնիկ 396
թիրախ 184, 2934
թխթխկոց 2474
թղթագլան 2449
թղթադրամ 247
թմբկահարել 208
թմբուկ 841
թմրած 840
թնդանօթ 425
թնճուկել 2926
թշնամի 895
թոյլ 1689
թոյն 2180, 3149
թոն 3021
թոռմիլ 3270
թուական 733
թութակ 2028
թուիլ 82
թուղթ 2017
թունաւոր 2181
թուր 2899
թուփ 391, 2630
թոք 1708
թռիչք առնել 2915
թռչիլ 1038, 3335
թռուցիկ 1537
թրթուր 461
թրջել 3242
թքնել 2760

Ժ

ժամ 1387, 3002
ժամացոյց 42, 547, 1388
ժայռ 2442
ժանգոտիլ 2480
ժանեակ 1552
ժանիք 954
ժանիքաւոր 1475
ժապաւէն 2415
ժխոր 2328
ժողովուրդ 2080
ժողովրդական 2199
ժպտիլ 1205

Ի

իկլու 1423
իյնալ 946, 947, 948
ինը 1914
իններորդ 1915
ինչ 3245
ինչու 3263
ինչպէս 106, 1391
ինքնաթիռ 1303
ինքնամուղ 1485
ինքնաշարժ 436
ինքնավստահ 610
իշաձուկ 1235
իշամեղու 1377, 3206
իշխան 2241
իշխանաւոր 2473
իշխանութիւն 2472
իշխանուհի 2242
իջեցնել 1699
իջնել 1130, 1158
իսկապէս 2362
իրական 1122, 2360, 3084
իրաւարար 2382
իրաւունք 2422
իրիկուն 1911
իւղ 1195, 1575, 1942
իւղանկար 2108
իւրաքանչիւր 857

Լ

լալ 689, 3234
լակոտ 2290
լայն 1689, 3266
լապտեր 1563, 1572
լապտերասիւն 1564
լաստ 2333
լարել 3275
լաւ 56, 992, 1167
լաւագոյն 240
լեզու 1571, 3020
լեզուաձուկ 2722
լելակ 1646
լեղակագոյն 1433
լեղի 258, 2734
լեմոն 1613
լեցնել 987, 1671, 2219
լեցուն 1084
լզել 1630
լիճ 1560
լիտր 1664
լճակ 2191
լոգանք 192
լոգարան 194, 3092
լողալ 867, 2893

լողակ 990
լողաւազան 2193
լոյս 1637
լոյս տալ 1426
լոր 2305
լորամարգի 2305
լորխ 2696
լու 1022
լուալ 3203
լուացարան 2648, 3205
լուացք 1589
լուացքի մեքենայ 3204
լուծել 2723
լուռ 2641
լուսախուրց 203
լուսամփոփ 1563
լուսանիշ 3048
լուսանկար 2100
լուսաւորել 1426
լուսին 1832
լուր, լուրեր 1903
լռութիւն 2641
լրագիր 1904

խ

խալ 1821
խախաջել 1106
խածնել 256
խաղ 1098
խաղաթուղթ 438
խաղալիք 3042
խաղող 1185
խամաճիկ 2289
խայթել 2819
խայթուածք 2820
խայծ 148, 1007
խանութ 2613
խանութպան 2614
խաշխաշ 2198
խաշնդեղ 2412
խաչ 678
խառնել 1812, 2631, 2822
խառնշտկութիւն 1776
խառնող մեքենայ 275
խարակ 2379
խարականուկ 1799
խարդախ 674
խարդախութիւն 498
խարիսխ 62, 183
խարոյկ 304
խարսխագնդակ 185
խարսխանիշ 384
խարտեաշ 283
խարտոցել 985
խաւարծիլ 2412
խաւարում 873
խաւաքարտ 451
խափանել 282
խելացի 3286
խեղդել 522, 2841
խեցապատեան 2595
խեցգետին 662, 1675
խէժ 1156
խթոց 637
խիզախել 2434
խիղք 2590
խիճ 1192
խիստ 1274
խլածաղիկ 728
խլեակ 3310
խլել 1175
խլուրդ 1820
խխնջալ 1892
խղճալ 2136
խղունջ 2706
խմբավար 605
խմել 829
խմիչք 828
խմոր 807
խմորեղէն 2043
խնայել 2508
խնդալ 1584
խնդիր 2251
խնդրանք 966
խնկունի 2457
խնձոր 84
խնձորի կորիզ 85
խնճոյք 969
խոզ 2113
խոզանակ 363, 1238
խոզանակել 362
խոզանոց 2115
խոզկաղին 13
խոզուկ 1857
խոլոմուկ 3255
խոլորձ 1962
խոկիկ 2012
խոհանոց 1536
խոհարար 619
խողովակ 1381, 3093
խոյանալ 2898
խոյլականջ 1857
խոնաւ 725, 3241
խոշորացոյց 1715
խոչընդոտ 1254
խոռոչաւոր 1352
խոստանալ 2257
խոտ 1314
խորամանկ 3271
խորանարդ 280, 692
խորդենի 1124
խորիսխ 1359
խորխորատ 2353
խորհրդարան 2027
խորովել 1203
խորունկ 744
խորտընկէց 754
խորտուբորտ 2470
խուզել 1852
խութ 2379
խուլ 737
խումբ 1100, 1218
խունկ 1430
խուրձ 383
խռիկ 1139
խռնուիլ 1395
խռպոտ 1342
խտխտել 2994
խրամ 1814, 3067
խրիլ 32
խրճիթ 2576
խրտուիլակ 2520
խցակ 2165
խցան 627
խցանահան 628
խօսակցութիւն 618
խօսիլ 2745, 2920

ծ

ծագիլ 2433
ծալել 1041
ծալք 665, 2160
ծախել 2562
ծախսել 2749
ծածկել 310, 648
ծածկոց 268, 2903
ծակ 1350
ծակել 826, 2237, 2286
ծակոտիկ 2201
ծաղաաարեակ 1816
ծաղիկ 1032
ծաղկակաղամբ 464
ծաղկաման 3143
ծաղկեպսակ 3309
ծաղկեփունջ321
ծաղկիլ 285
ծաղրանուն 1909
ծաղրել 1815
ծամակալ 299
ծամել 506
ծամոն 1232
ծայր 2178
ծանծաղ 2580
ծանր 1299
ծանրաբարձ 1055
ծանրութիւն 1744
ծառ 3065
ծառայել 2569
ծառայութիւն 2569
ծառի կեղեւ 175
ծարաւ 2977
ծափահարել 83
ծափել 537
ծեծել 2740
ծեր 1944
ծեփ 2147
ծեփել 2148
ծիածան 2338
ծիծաղաշարժ 1089
ծիրան 87
ծիրանի 2292
ծիրանի գօտի 2338
ծխագլան 530
ծխամորճ 2128
ծխել 2703
ծխիկ 531
ծխնելոյզ 513
ծծել 2862
ծղրիթ 670
ծնեբեկ 112
ծնիլ 312
ծնծղայ 716
ծնկակալ 1108
ծնողք 2023
ծնունդ 253
ծնրադրել 1541
ծնրակալ 1108
ծոթրին 2992
ծոյլ 1421, 1596
ծորակ 964, 2929
ծորիլ 1600

ծով 2544
ծովաթումբ 2112
ծովակալ 18
ծովահարս 1774
ծովահէն 2129
ծովաձի 2543
ծովաճայ 2545
ծովանոյշ 1774
ծովափ 200, 565, 2616
ծովափիղ 3190
ծոց 196
ծունկ 1540
ծուռ 676
ծպտուիլ 783
ծռել 236
ծռիլ 2828
ծռմռել 747
ծրագիր 2256
ծրագրել 2141
ծրար 1987, 2022
ծրարել 1986, 3308
ծփալ 1026
ծփոց 3256

Կ

կազ 1109
կաթ 1793
կաթկթիլ 3071
կաթնարան 721
կաթսայ 463
կալանաւոր 2248
կախարան 2327
կախարդ 2728, 3289
կախել 1259, 1261
կախիչ 1263, 2327
կախորրան 1248
կակաչ 3096
կահկարասի 1093
կաղ 1562
կաղալ 1651
կաղամբ 366, 399
կաղապար 1842
կաղին 13, 1286
կաղնի 1285, 1927
կամ 1957
կամար 91
կամաւոր 3172
կամուրջ 347, 817
կայան 1113, 2800
կայարան 2801
կայծ 2742
կայծակ 1642
կայմ 1745
կայնիլ 1245
կայտռել 2225
կանաչ 1198
կանգառ 2829
կանգնիլ 2794, 3135
կանխաւ 33
կանկառ 104, 491
կանուխ 860
կանչել 409, 2620
կաշի 1325, 1604
կաչաղակ 1716
կապարճ 2321
կապել 250, 1553, 2997
կապիկ 79, 1825
կապոյտ 291
կապոց 383, 1987
կապտամորթ 292
կապտուկ 361
կառավարել 1173
կառավարութիւն 1174
կառատուն 1102, 1262
կառչիլ 559, 1260
կառուցանել 374
կառք 141
կասկարայ 3011
կատակ 1495
կատարում 2085
կատու 457
կարագ 395
կարապ 2885
կարաւան 437
կարդալ 2358
կարել 2573
կարեւոր 1428
կարթ 1366
կարթաձող 2446
կարի մեքենայ 2574
կարիք 1888
կարծր 1268, 2818
կարծրաքար 1183
կարկաճ 1687
կարկանդակ 405, 1558, 2008
կարկուտ 1236
կարկտան 2045
կարմիր 2377
կարմրալանջ 2441
կարմրախայտ 3081
կարմրաձուկ 1165
կարմրուկ 2602
կարոս 469
կարուածք 2547
կարօտնալ 1807
կացին 138, 1278
կաւ 540
կաւար 2601
կաւեղէն 2214
կաւիճ 483
կափարիչ 649, 1364
կեանք 1634
կեդրոն 473
կեդրոնանալ 602
կեղեւ 2424
կեղծուած 944
կեղուել 2072
կեղտոտ 989
կենալ 2050, 2803
կենդանաբանական պարտէզ 3334
կենդանի 66
կենսունակ 1668
կեռ 1366
կեռանի 1116
կեռաս 503
կերակրել 972
կերուխում 969
կերպ 1056
կերպանիւթ 2150
կերպաս 550
կեցնել 1245, 2830
կզակ 515
կէս 1241
կէս գիշեր 1791
կէսօր 1788, 1921
կէսօրէ ետք 27
կէտ 3243
կիզահող 2064
կիզել 2531
կիթառ 1228
կին 3267, 3291
կիսագունտ 1311
կիսաշրջանակ 2563
կիտրոն 1613
կլթիկ 1324
կլլել 2884
կլոր 2461
կծծի 1806
կծկուիլ 2629
կծու 1384, 1385
կկզիլ 2780
կկու 693
կղզի 1467
կղմինտր 343
կղպանք 1677
կղպել 1676
կնեպ 2424
կնձնի 88
կնճիթ 3088
կշիռք 2515
կշռել 3235
կոթ 2791
կոխել 2233, 2813
կոխկռտել 3054
կոծիծ 2122
կոկիկ 1882
կոկոն 370
կոկորդ 2984
կոկորդիլոս 48, 672
կողմ 2635
կողմնացոյց 597
կողոսկր 2414
կողով 188
կողովագնդակ 189
կոճ 67
կոճակ 397, 2896
կոճապղպեղ 1140
կոճղ 3087
կոյտ 1292
կոյր 276
կոն 608
կոնք 1336
կոշտ 564, 2469
կոպիտ 564
կով 650
կովարած 652
կոտոշ 1376
կոտորակ 1064
կոտրել 337, 2699
կոր 706
կորեկ 629
կործանել 753
կորսնցնել 1690, 504
կուզ 2694
կուպր 2135
կուր 3079
կուրծք 504
կուսածաղիկ 2088
կպչուն 2817, 2930
կռահել 1223
կռուասէր 379
կռուիլ 984
կռունկ 657, 658
կռփամարտիկ 326

կսմթել 2124
կտոր 529, 550, 2110, 2534
կտուց 202
կտրատել 525
կտրել 452, 709
կտցահարել 2067
կրակ 997
կրակաշէջ 931
կրակարան 1002
կրակել 2162
կրաղիս 472
կրամ 1179
կրաշաղախ 604
կրթաթոշակ 2525
կրիայ 3034, 3110
կրծել 1906
կրծքանշան 146
կրծքկալ 243, 328
կրկէս 533
կրկնակի 806
կրկնակօշիկ 1978
կրկնապատիկ 3112
կրկնել 2400
կրկներեւոյթ 1804
կրունկ 1302
կրպակ 1532
կցասայլ 3050
կօշիկ 2609, 2959
կօշիկի կապ 2610
կօշկակար 2611

հ

հագնիլ 822, 3223
հագուածք 1972
հագուիլ 822
հագուստ 821
հագուստ-կապուստ 3195
հազալ 638
հազար 1624
հազուագիւտ 2345
հալիլ 1770, 2965
հալովին 1243
հակառակ 1956
հակարջային 72
հակիլ 1601, 3001
հաղարջ 703
հաղորդալար 1505
հաղորդել 1438
հաճար 2482
հաճարենի 217
հաճելի 2158
հաճիս 2159
հաճոյք առնել 898
համ 1021
համազգեստ 3130
համալսարան 3131
համակարգիչ 601
համակարգիչի սարք 2962
համայնք 593
համաստեղութիւն 616
համար 1048
համարակալ գործիք 640
համարձակ 1058
համբերատար 2047
համբոյր 1535
համբուրել 1534
համեղ 2939
համեմ 2751
համեմահաց 1141
համեմային հեղուկ 2506
համերգ 603
համտեսել 2938
համրել 639
հայելացոյց 1511
հայելի 1805
հայթայթել 2269
հայր 963
հայցել 110
հանգոյց 1546, 1688
հանգչիլ 2393
հանգստանալ 2393, 2407
հանգստաւէտ 590
հանգրուան 2831
հանդարտ 412, 2316
հանդերձարան 549, 3195
հանդէս 1709
հանդիպիլ 15, 837, 1767
հանդիպում 1768
հանդիսարան 125
հանել 2861, 2914
հանելուկ 2418
հանելուկ-խաղ 2301
հանուիլ 3127
հանում 1801
հանրակառք 389, 3077
հանրակառքի կանգառ 390
հանրային 2272
հանրային պարտէզ 2024
հանք 1796
հանքագործ 1797
հանքածուխ 563
հանքանիւթ 1798
հաշմանդամ 1458
հաշուել 639
հաշուետախտակ 1
հաշուիչ 1781
հաշուիչ սարք 406
հապճեպ օգնութիւն 892
հաջել 174
հառաչել 2637
հասարակած 905
հասկնալ 3125
հասնիլ 102, 460, 2357
հաստ չուան 626
հաստաթուղթ 439
հասուն 2431
հատ 2969
հաստատ 1003
հաստատութիւն 1003
հասցէ 17
հատիկ 477, 1178, 1515
հատիչ 518
հատու 2584
հարաւ 2735
հարաւային բեւեռ 72
հարբուխ 1033
հարթ 912, 1625, 2704
հարթակ 296, 1989
հարթել 1020
հարիւր 1400
հարիւրոտնեայ 475
հարմոնիքա 1271
հարուած 289
հարուածել 164, 1339, 2284, 2852
հարուստ 2417
հարս 345
հարսանիք 1760
հարց 1750
հարցազրոյց 1454
հարցնել 110
հարցում 2313
հաց 336, 1673
հացագործ 150
հացահատիկ 1178
հաւ 1312
հաւալուսն 2073
հաւանական 1645
հաւասար 904
հաւասարակշռել 152
հաւատալ 228
հաւատք 943
հաւաքել 577, 1115, 1341, 2298
հաւաքոյթ 2033
հաւկթաձեւ 1973
հաւկիթ 876
հաւկիթէն ելլել 1277
հաւկիթի ծփոց 3256
հեգել 2748
հեզասահ 2704
հեծանախաղ 2557
հեծանիւ 244, 246, 714
հեծել 1208, 3182
հեծելազօր 465
հեծնել 1844
հեղեղ 3033
հեղինակ 129
հեղուկ 1035, 1661
հեղուկ օճառ 2581
հեռագիր 2949
հեռադիտակ 251, 2952
հեռակայ 790, 2396
հեռաձայն 2099, 2950
հեռաձայնել 411, 2951
հեռատեսիլ 2953
հեռաւորութիւն 789
հեռու 955
հետ 52
հետախուզել 929
հետապնդել 495, 2295
հետաքրքիր 702
հետեւիլ 26, 1042
հետը տանիլ 2917
հետիոտն 2070
հետք 2767, 2787, 3049
հերակալ 181
հերոս 1318
հերոսուհի 1319
հեւալ 2013
հիմնադրամ 1086
հիմք 1061
հին 65, 2575
հինգ 1009
հինգերորդ 983
հինգշաբթի 2991
հիրիկ 1463

հիւանդ 1425, 2048, 2634
հիւանդակառք 60
հիւանդանոց 1382
հիւթ 1498
հիւլէ 121
հիւղ 1408
հիւղակ 1408
հիւսել 1543, 3226
հիւսիս 1922
հիւսիսային բեւեռ 93
հիւսիսային եղջերու 887, 2390
հիւսն 445
հիւր 1224
հնակարկատ 2611
հնամենի 63
հնարամիտ 3271
հնարել 1459
հնարք 3070
հնգանկիւն 2079
հնդկախոզ 1227
հնդկահաւ 3099
հնդկանշի 568
հնդկընկոյզ 569
հնձել 1275
հնչել 2259
հնչեցնել 2426
հոգ տանիլ 440
հոկտեմբեր 1934
հող 863, 1216, 1566
հողաբարձ 376
հողաթափ 2689
հողակոյտ 1843
հողմաղաց 3277
հոյակապ 1196
հոն 2967
հոնկէ անցնիլ 837
հոս 1316
հոսանք 704, 2845
հոսեցնել 2219
հոսիլ 2754
հով 3274
հովահար 952
հովանոց 3122
հովառ 3167
հովարգել ապակի 3279
հովարգել բաճկոն 3276
հովիտ 429
հովիւ 2597
հոտ 1937
հոտուըտալ 2701
հորթի միս 3144
հորթուկ 408
հորիզոն 1372
հում 2354
հուսամ 1590
հոքի 1344
հպարտ 2266
հպարտանալ 297
հտպիտ 555
հռչակաւոր 951
հսկայ 1135, 1396
հսկայական 1137
հրաբուխ 3170
հրաշալի 3293
հրաշք 1803
հրաւէր 1461
հրաւիրել 1462
հրդեհ 997
հրել 2296, 2621
հրեշտակաձուկ 1826
հրէշ 1827
հրթիռ 1586, 1808, 2444
հրամայել 592
հրամանատար 510
հրմշտկել 2621
հրշէջ 1001
հրշէջի կառք 998
հրուանդան 431
հօրեղբայր 3123

ձ

ձագար 1088
ձախ 1609
ձախլիկ 1610
ձախողիլ 939
ձայն 1293, 3169
ձայնաւոր 3176
ձայնապնակ 2273
ձայնապնակի սարք 2374
ձայնասփիւռ 2330
ձանձրացնել 311
ձգախէժ 2465
ձգափոկ 2883
ձգել 838, 1605, 1621
ձգողական ուժ 1193
ձեղնայարկ 124, 1681
ձեռաձիր 3005
ձեռք 1250
ձեռք առնել 2906
ձեռքէն իյնալ 836
ձեռքի արգելակ 1252
ձեռքի ժամացոյց 3315
ձեռքով բարեւել 3218
ձեռնածու 1497
ձեռնակապ 1253
ձեռնադաշնակ 9
ձեռնոց 1811
ձեռնտու գին 173
ձերբակալել 101
ձեւ 1056
ձի 1378
ձիակառք 493
ձիավար 1491
ձիավարել 2419
ձիապան 1212
ձիթապտուղ 1945
ձիւթ 1232, 2933
ձիւն 2712
ձիւնամրրիկ 279
ձիւնասահնակ 2677
ձկնականջ 1864
ձկնարան 90
ձմեռ 3283
ձմեռնաքուն 1323
ձմերուկ 3214
ձող 167, 2184
ձողաձուկ 2083
ձուածեղ 1946
ձուկ 1005
ձուկ որսալ 1006

ղ

ղեկ 1306
ղօղանջ 2059

ճ

ճագար 1269
ճագարաբուծարան 3200
ճախարակ 2278, 2765
ճախրասաւառնակ 1154
ճակատ 1050
ճակնդեղ 220
ճահիճ 1741
ճաղաշարք 2335
ճաղատ 154
ճամբայ 2437, 2847
ճամբայ կտրել 710
ճամբորդ 2037
ճամբորդել 3061
ճամբրուկ 1701, 2866
ճայ 1230
ճանկ 539
ճանկռտուք 2537
ճանճ 1036
ճանչնալ 1547
ճաշ 1758, 2815
ճաշագիր 2371
ճաշասենեակ 771
ճաշարան 1707, 2408
ճաշացուցակ 1771
ճաշել 870
ճարմանդ 369
ճարպ 1575
ճարտար 1258
ճարտարապետ 92
ճգնաւոր 1317
ճգնիլ 2839
ճեղք 654
ճեղքուածք 654
ճեմարան 578
ճեպուղի 1331
ճերմակ 3261
ճերմակեղէն 3126
ճերմկցնող դեղ 273
ճզմել 686, 1472, 1478
ճինզ տաքատ 1482
ճիշդ 1510, 2422, 3084
ճիւաղ 1827
ճիւղ 334, 1648
ճիփ ինքնաշարժ 1483
ճկուն 31
ճնճղուկ 2744
ճշդապահ 2285
ճշմարտանման 1645
ճշմարտութիւն 3090
ճոխ 2417
ճոկան 1346
ճոկանախաղ 1344
ճոկանաքար 1345
ճուշ 1810
ճչալ 2627
ճչակ 1374
ճչակել 1361
ճպուռ 670
ճօճաձող 3060
ճօճան աթոռ 2445

ճոճանակ 2076
ճոճել 2443
ճոճօրան 2894

Մ

մագլցիլ 544
մազ 1237
մազ կտրել 546
մազ չորցնող գործիք 1240
մազի խոզանակ 1238
մազքաշ 3111
մականուն 2879
մակերես 2877
մակոյկ 427, 770
մահակ 556
մահանալ 763
մահացու 962
մամլակ 536
մամուռ 1838
մայթ 2636
մայթանիւ 2658
մայթեզր 698
մայիս 1752
մայր 1839
մայրամուտ 2873
մայրուղի 1331
մանանեխ 1866
մանեակ 1885
մանիշակագոյն 2292
մանկա 1727
մանկական անկողին 669
մանկական կառք 447
մանուկ 140, 511
մանուշակ 3162
մանտարին 1724, 2925
մանտոլին 1725
մանրալիքային 1787
մանրադիտակ 1786
մանրել 2218
մանրէ 1126
մանրիկ 3003
մանրուք դրամ 485
մանրօրինակ 1817
մաշկոտն 3227
մաշուած 2575
մառախուղ 1809
մառան 471
մասին 2
մասնագէտ 927
մասնիկ 2031
մատ 993
մատակ 1735
մատանի 2425
մատիտ 2075
մատղաշ 3330
մատնահետք 994
մատնաչափ 1431
մատնացոյց ընել 2177
մատներու վրայ քալել 3006
մատնոսկր 1548
մատնոց 2972
մարախ 1189, 1679
մարգագետին 1756, 2223
մարգախուզիչ 1593
մարգարիտ 2062
մարգարտածաղիկ 722
մարդ 1723
մարդակապիկ 1172
մարդատար կառք 561
մարդատար նաւ 1654
մարդիկ 2080
մարել 2897, 3101
մարզադաշտ 646
մարզանք ընել 920
մարզանք կատարել 3302
մարզել 562, 3052
մարզիկ 118
մարզիչ 560
մարիլ 2035
մարկեղ 1347
մարմար 1731
մարմին 300
մարսել 767
մարտ 1734
մաքուր 541, 2291
մաքրել 542, 2187
մեթոտ 1783
մեթր 1782
մելան 1443
մելանաձուկ 2782
մեխ 1868
մեխակ 443
մեծ 245, 1576
մեծ հայր 1181
մեծ մայր 1182
մեծ սնտուկ 3086
մեծաւոր 314
մեծղի 1576
մեծնալ 1219
մեկնիլ 135, 1606
մեկուսացուցիչ 1452
մեղադրել 266
մեղաւոր 1226
մեղու 216
մեղուանոց 80
մեղմ 1120
մեղմ անձրեւ 833
մեղր 1358
մեղրախորիսխ 1359
մեղրածուծ 1398
մեղրահամ 1360
մեղրամոմ 3220
մեղքնալ 2136
մենամարտ 848
մեռնիլ 736, 763, 2559
մեռցնել 1523, 1858
մետաղ 1779
մետաղադրամ 574
մետաղալար 3285
մերժել 2385
մերկ 1872
մերկացնել 1456
մեքենագործ 1763
մեքենագրել 3119
մեքենայ 896, 3146
մեքենավար 897
մէկ 1949
մէկ անգամ 1948
մէկդի 1938
մէկնոց 9
մէկտեղել 2194
մէջ 61, 1429, 1445
մէջը կոխել 2813
մէջտեղ 1789
մէջք 3183
մթերանոց 3196
մթերել 1341
մթնշաղ 854
մթնոլորտ 120
մժեղ 1837
միագոյն 2139
միակ 1951
միանալ 1656
միանի ձեռնասայլ 3248
միասին 3014
միացնել 122, 586, 613, 1493, 1656
միեղջիւր 3129
միեւնոյն 2497
մինակ 1684
միշտ 59
միջակ 1766
միջանցք 632, 1244
միջատ 372, 1444
միջեւ 242, 1789
միջին 1766
միջոց 1101, 1783
միջօրէ 1788
միտք 1795
միս 1025, 1762
մկան 1859
մկնաճագար 1125
մկրատ 2528
մղլակ 1581
մղձաւանջ 1913
մղոն 1792
մնաս բարով 1168
մնաք բարով 956
մշուշ 1040, 1284, 1809
մշտադալար 913
մշտել 1472, 2182
մոլաթզենի 2900
մոլախոտ 3231
մոլորակ 2143
մոխիր 107
մոխրագոյն 1202
մոխրաման 108
մողէզ 1670
մոմ 421
մոմակալ 422
մոյկ 308
մոռնալ 1052
մորեխ 1679
մորթ 1325, 2664
մորի 260
մութ 730
մուկ 1846
մուշտակ 1090
մուշտակաւոր 1091
մուտք 902, 2983
մուտքի արտօնագիր 3164
մուրալ 223
մուրճ 1246
մռլտալ 2293
մռնչել 1220, 2438
մսագործ 394
մսաշերտ 2804
մսիլ 575
մտաբերել 2368

մտահոգուիլ 3306
մտածել 2975
մտնել 1129, 1159
մտրակ 3254
մտրուկ 582, 2192
մրափել 810
մրգանույշ 2936
մրգաստան 1960
մրճահարել 1247
մրմռալ 2293
մրոտ 1204
միջին 71
մրտենի 1394
մրրիկ 1095
մրցակից 2435
մրցանակ 2250
մրցիլ 2326
մօտ 1881
մօտաւորապէս 2
մօտենալ 86
մօտիկ 1881
մօտաքույր 127
մօրուք 206

յ

յախճապակի 516
յակինթ 1410
յաղթել 3272
յամախ 1941
յամախակի 1941
յամախորդ 708
յայտագիր 2254
յայտարարել 68
յանգ 2413
յանկարծ 2863
յանկարծակիօրէն 2863
յանձնել 499, 746, 1251
յանձնարարութիւն 906
յանձնուիլ 1147, 2881
յանցաւոր 1226
յաջորդ 1905
յատակ 318
յատակազերել 2141
յարգի քար 1117
յարդ 1283
յարդարել 100, 1213
յափշտակել 1175, 2216
յեռնակ 2261
յեռնարան 1289

յետոյ 26
յետաձգել 2299
յետասկար 3050
յետակոքմ 2363
յետացոյց հայելի 2364
յիշել 2395
յղացում 600
յղի 2228
յկիչ 2142
յղնած 3008
յօնակի 2169
յովազ 2014
յովատակ 2792
յորդիլ 1977
յուլիս 1499
յուղարկաւորութիւն 1087
յունիս 1506
յունուար 1479
յուշարձան 1829
յուսալ 1369
յօդ 1494, 1548
յօնք 359, 933
յօնքերը պարտել 1079
յօտել 2271
յօրանջել 3322
յօրինել 598
յօրինող 599
յօրինում 600

Ն

նախադասութիւն 2566
նախակրթարան 2239
նախաճաշ 340
նախաճաշ պատրաստել 620
նախաճաշի տեսակ 2202
նախաճաշել 869
նախապէս 33
նախասենեակ 1242
նախասիրել 967
նախատիպ 1817
նախատիպար 2049
նախընտրել 2227
նախիր 462, 1315
նամակ 1623
նամակի պանարան 903
նամականջիա 1718
նամականոն 2209

նայիլ 1686
նայլոն 1926
նապաստակ 2324
նարգիզ 718
նարինջ 1186, 1958
նարնջագոյն 1959
նաւ 2604
նաւաբեկում 2605
նաւակ 298, 1585
նաւախանջիստ 1267, 2203
նաւամատոյց 797, 3244
նաւապետ 434
նաւաստի 2491
նաւաւար 2666
նաւարկել 1880
նաւէն իջնած 1975
նաւու դեկ 2468
նաւու մարմին 1397
նեկտար 1886
նեկտարին 1887
նեղ 1875
նեղ փողոց 47
նեղացնել 2091
նեղը ձգել 889
նեղիկ անցք 1214
նեղուց 487
նետ 103
նետել 1403, 2132, 2986, 3035
նետուածք 2133
նետուելիք բաներ 1509
ներարկում 1441
ներել 919, 1053
ներխուժել 1457
ներկ 1996, 1997
ներկալ 2229
ներկայացնել 2231
ներկարար 2000
ներկել 1998
ներկի վրձին 364
ներողութիւն խնդրել 81
ներս 1429, 1434, 1455
ներս մտնել 901
ներքնազգեստ 3126
ներքնակ 1751
ներքնայարկ 186
նէոն 1895
նժոյգ 1378
նիզակ 1565, 2746
նիհար 2973
նիշ 1738

նիքել 1908
նկանակ 1673
նկար 1427, 2108
նկարագիր 489
նկարակալ 865
նկարատետր 43
նկարերիզ 988
նկարի ալպում 43
նմուշ 1817
ննջասենեակ 215
նշան 2638
նշան առնել 35
նշան դնել 1737
նշան տալ 2639
նշագեմ 3022
նշանակել 2532
նշանակետ 2934
նշանատախտակ 2638
նշել 1737
նոնի 717
նոյն 2497
նոյնանման 1419
նոր 1902
նորածին 1435
նորոգել 1010, 2399
նորէն 28
նուագախումբ 162, 1961
նուագահանդէս 603
նուազ 1619, 1801
նուէր 1136, 2230
նուշ 49
նուտ 2190
նրբակազմ 2684
նրբանցք 41, 1244
նպարավանատ 1209
նպարեղէն 1210
նստազոտի 2552
նստասենեակ 1669
նստարան 234
նստիլ 2653

Շ

շաբաթ 2505, 3232
շաբաթավերջ 3233
շագանակ 505
շակել 449
շահիլ 861, 3272
շաղախ 2300
շաղակրատել 496

շանաձուկ 2583
շանթ 1642
շանթարգել 1643
շապիկ 1474, 2606
շառաւիղ 2332
շատ 1729, 3151
շարժակ 1840
շարժական 2204
շարժական աթոռ 3249
շարժական լաստակ 2513
շարժական կամուրջ 817
շարժական սանդուխ 1554
շարժանիւ 1841, 2530
շարժանկար 1851
շարժասանդուխ 907
շարժիլ 1849
շարժիչ 896
շարժում 1850
շարժուն աւազ 2315
շարք 2462
շաւիղ 2046
շաքար 2864
շաքարազարդում 1417
շաքարեղէն 423, 1683
շեղ 2673
շեղիլ 675, 2892
շեշտ 4
շերեփ 1555
շերեփուկ 2907
շերեփչափ 2529
շերտ 1595
շերտագիծ 2854
շերտել 452
շեփոր 373, 3085
շիկնիլ 294
շինել 1010, 1719
շիշ 316
շիշ բանալիք 317
շիրիմ 3017
շղթայ 480
շնակապ 1603
շնիկ 2290
շնորհակալութիւն յայտնել 2964
շնորհաւորել 612
շնորհել 1184
շնչահեղձ 523
շնչառութեան փող 2711
շնչել 342
շոգենաւ 2604
շոգեկառք 3051
շոգի 2806, 3141
շոգիացում 910
շող 2355
շողալ 2600
շողարձակ 3318
շողգամ 3105
շողշողալ 2743
շողշողուն 2603
շողում 1015
շոճի 996
շոմին 2756
շոյել 2093
շորիկ 760
շուարիլ 611
շուկայ 1739
շուն 799
շունչ 341
շուշան 1647
շուտով 2727
շուրջ 2, 99
շուք 2577
շոքոլա 520
շչակել 1361
շպար 1720
շտապել 1405
շտեմարան 177
շտկել 1010
շրթնաներկ 1660
շրթունք 1659
շրխկացնել 2672
շրջան 99, 791, 2386
շրջանակ 1066, 1367
շրջապատել 2882
շրջափակ 3321
շրջել 1979
շրջիլ 3004, 3104
շփելով մաքրել 2541
շփոթել 611
շփուիլ 29
շքանշան 1764
շքեղ 953, 1171
շքերթ 2019

Ո

ոգիներէ յաճախուած 1280
ոզնի 1301
ոլորանետ 307
ոլորել 3117
ոլոռն 2063
ոլոք 2599
ողբալ 3182
ողորկ 1019, 2704
ողջունել 3237
ողնայար 2757
ողնափայտ 1513
ողջ 45
ողջոյն 1305
ողջունել 1201
ոճրագործ 671, 2247
ոչ 1916
ոչ մէկը 1894
ոչ մէկ տեղ 77
ոչ ոք 1919
ոչխար 2592
ոչխարի բուրդ 1024
ոռնալ 1392
ոսկեծաղիկ 528
ոսկեձկնիկ 1165
ոսկեպատիկ 1966
ոսկի 1164
ոսկոր 303
ոսպնեակ 1616
ոստ 3113
ոստայն 567
ոստիկան 615, 2185
ոստիկանուհի 2186
ոստմնացանց 3055
ոստոստել 1368
ոստրէ 535, 1985
ով 3262
ովասիս 1929
ովկիանոս 1932
ոտանաւոր 2175
ոտնագնդակ 1045, 2716
ոտնակ 2068
ոտնակ դարձնել 2069
ոտնահետք 1046
ոտնաման 2499
ոտք 1044
ոտքի մատ 3013
ոտքով զարնել 1518
ո՞ր մէկը 3252
որակաւոր 2306
որբ 1967
որդ 1710
որդի 2725
որդնոտիլ 145
որեւէ 76
որթատունկ 3160
որձասագ 1099
որմազդ 2211
որմնադիր 344
որոնել 2548
որոշ 478
որոշել 740
որջ 1559
որս 2235
որսալ 1402
որովհետեւ 211
որոտում 2989
ուզել 3193
ութ 878
ութանկիւն 1933
ութերորդ 879
ութոտնեայ 1935
ուժասպառ 2478
ուլիկ 1520
ուլունք 201
ունելի 3019
ուղարկել 2564
ուղեղ 331
ուղեչափ 1936
ուղիղ կանգնած 3135
ուղղաթիռ 1303
ուղղահայեաց 3150
ուղղաձիգ վեր թռչիլ 3335
ուղղանկիւն 2376
ուղղութիւն 774
ուղտ 413
ուղտափուշ 2978
ունենալ 1281, 1982
ունկնդիր 125
ունկնդրել 1663
ուշ 1582
ուշադրութիւն 123
ուշացար 1582
ուշիմ 2698
ուս 2619
ուսակապ 2842
ուսանող 2856
ուսուցանել 2942
ուսուցիչ 1451
ուսուցչուհի 2943
ուռենի 3269
ուռեցնել 923, 2282
ուռեցք 380, 1705
ուռի 3269
ուտել 868
ուտեստեղէն 1043
ուր 3251

ուրախ 1149, 1775
ուրբաթ 1071
ուրիշ 69
ուրուագծել 2660, 3043
ուրուական 1134

Չ

չախորժիլ 787
չամիչ 2341
չարագործ 3159
չարակամ 3265
չարամիտ 3265
չափ 2656
չափագիծ 1187
չափահաս 20, 1221, 1784
չափացոյց 1781
չափել 1761
չեմ կրնար 426
չխչխկան 2349
չղջիկ 191
չմշկարան 2427
չմշկել 2657
չմուշկ սրցնող 2586
չոր 842
չորեքշաբթի 3230
չորցած տարեխ 1533
չորցնել 843, 3284
չուան 2455
չփրել 787

Պ

պալատ 2003
պալերինա 156
պակաս 1801
պահածոյ 2232
պահածոյ պատրաստել 2106
պահակ 2567
պահանջ 1888
պահարան 1409
պահեստ 2741
պահուըտիլ 1326
պահպանել 1222
պաղ 622
պաղիլ 575
պաղլեղ 58
պաղպաղակ 1414
պաճուկ 2174
պայթեցնել 270
պայթիլ 387
պայթիւն 269, 930
պայթում 930
պայթուցիկ 1000
պայծառ 350
պայուսակ 147, 2294
պայտ 1380
պանան 160
պանդոկ 1386
պանիր 501
պաշտել 19
պապիկ 1181
պառկիլ 1633
պաստառ 2538
պատ 3187
պատահիլ 1265
պատառ 257
պատառաքաղ 1054
պատասխան 70
պատասխանատու 2406
պատասխանել 2402
պատգամաբեր 1778
պատգարակ 2850
պատեան 2591
պատերազմ 3194
պատժել 2287
պատիժ 2288
պատիւ 1362
պատկանիլ 231
պատկերիզ 3156
պատկերիզի մեքենայ 3155
պատճառաբանել 2365
պատմութիւն 1338, 2835, 2918
պատմուճան 432
պատշաճ 2263
պատշգամ 153
պատուանշան 1764
պատուհան 3278
պատուած 2430
պատռել 2947
պատրաստ 2359
պատրոյգ 3264
պարան 626, 2455
պարապ 267, 893
պարբերաթերթ 1709
պարեգօտ 432
պարել 156, 726
պարզ 2139, 2645
պարիկ 942
պարծենալ 297, 330, 2624
պարկեշտ 1357
պարկերէ 1955
պարունի 727
պարուրաձեւ 2758
պարս 2887
պարսատիկ 2687
պարտականութիւն 2256, 2937
պարտիլ 1980
պարքսիմատ 255
պեխ 1847
պեկոնիա 2095
պետ 510
պզտիկ 1666
պէս 106
պէտք 1865, 1888
պիծակ 3206
պինդ 2818
պիսակ 1067
պիստակ 2130
պիտակ 1550
պղինձ 623
պղպջակ 367
պնակ 2151
պնակեղէնի պահարան 697
պնդել 1446
պողպատ 2807
պոչ 2908
պոռալ 2620
պորտ 230
պուպրիկ 800
պսակ 3228
պսպղալ 2743
պտեր 977
պտղահիւթ 1498
պտոյտ 3075
պտուղ 1080
պտուղով կարկանդակ 2109
պտուտագամ 302
պտուտակ 2539
պտուտահողմ 3032
պտուտակար 2540
պրաս 1608
պրիսմակ 2246
պրկուիլ 2839

Ջ

ջրադահոյկ 3216
ջրաղաց 1794
ջրամբար 2405, 2927
ջրանցք 419
ջրասամոյր 1969
ջրարջ 2325
ջրացնցուղ 2626
ջրափոսիկ 2274
ջրիմուռ 2553
ջրծաղիկ 509
ջրկոտմուկ 3212
ջրհան 2281
ջրհեղեղ 1028
ջրհոր 3238
ջրմուկ 210
ջրուղի 1233
ջրվէժ 3213
ջան 3031
ջաղացք 1794
ջայլամ 1968
ջեռուցիչ 1296
ջերմ 3197
ջերմաչափ 2968
ջերմանոց 1200
ջերմարձակ 2329
ջերմոց 1200
ջերմութիւն 980, 2956
ջիղ 1897
ջինջ ջուր 2291
ջղային 1898
ջնարակել 3142
ջնջել 410, 680
ջորի 1855
ջութակ 3163
ջուր 3210
ջուրի ականոց 1163

Ռ

ռազմիկ 3201
ռեհան 187
ռնգեղջիւր 2411

Ս

սագ 1169
սալայատակ 2051
սալիկ 3000
սալոր 2166

սալորաչիր 2270
սակ 2236
սակայն 393
սահաղաշտ 2427
սահանակ 2683
սահանակափակիչ 3333
սահիլ 1153, 2633, 2688
սահման 309, 1650
սաղաւարտ 1307
սայթաքիլ 2688, 3076
սայլ 450, 3181
սայրաձող 2759
սան 2212
սանդալ 2499
սանդխահարթակ 1568
սանդխամատոյց 2812
սանդխամուտք 2200
սանդուխ 2788
սանթիմեթր 474
սանձ 348, 2391
սանտուիչ 2500
սանտր 584
սանտրել 585
սապատ 1399
սառ 1413
սառած անձրեւ 2681
սառեցնել 1069
սառիլ 1069
սառնարան 1072, 2384
սառոյցէ տուն 1423
սառցադաշտ 1148
սառցաժայռ 1415
սառցալեզուակ 1416
սառցալեռ 1415
սառցակոյտ 1148
սատակ 631
սատկիլ 736
սար 1845
սարդ 2752
սարեակ 261
սաւան 2593
սաւանեղէն 1653
սաւառնակ 39, 1154
սափրիչ 1701, 1239
սեխ 428, 1769
սեղան 2902
սեղմել 2781, 2999
սեմ 2983
սենեակ 2452
սեպ 2753, 3229
սեպաձեւ 3229
սեպտեմբեր 2568
սերկեւիլ 2320
սերմ 2583
սերմանել 2737
սերուց 664
սերտել 2857
սեւ 259
սեւակապիկ 514
սեւ հաղարջ 263
սեւ պղպեղ 2081
սեւեռել 2796
սեփականութիւն 2264
սէր 1695
սթափիլ 589
սիգալ 2624
սիկառ 530
սիկլիկ 2681
սիսեռ 507
սիրալիր 1176
սիրած անասուն 2092
սիրամարգ 2057
սիրել 1644, 1696
սիրելի 738
սիրուած 2199
սիրուն 1697, 2234
սիրունիկ 712
սիրտ 1294
սիւն 583, 2118, 2207
սլանալ 2898
սխալ 949, 965, 3317
սխտոր 1107
սկաւառ 2533
սկզբնատառ 1440
սկզբունք 2244
սկիւռ 2783
սկսիլ 224
սկովտիական փէշ 1527
սկրթուք 2535
սղոց 2509
սղոցել 2510
սղոցուք 2511
սմբակ 1365
սմբուլ 1410
սմբուկ 877
սնդուս 2504
սնուցանել 972
սնտուկ 660
սոխ 519, 1950
սոխակ 1912
սողալ 661
սողնակ 302
սողուն 2403
սոնոպրի 609
սոված 2799
սովամահ 2799
սովորութիւն 1234
սորվեցնել 2942
սորվեցնող 1451
սորվիլ 1602, 2857
սուզուիլ 793
սուղ 925
սուլել 3260
սուլիչ 3259
սունկ 1861
սուտ 949
սուտակ 2467
սուր 2584, 2899
սուր շեղբ 265
սուրալ 2776
սուրբ 1354
սուրճ 571
սպայ 1940
սպաննել 1523, 1858
սպառել 3138
սպաս 713
սպասարկել 2569
սպասել 924, 3184
սպի 2518
սպիանալ 1290
սպիտակ 3261
սպունգ 2764
սռնակ 139
ստախօս 1627
ստամոքս 2825
ստանալ 2369
ստանձնել 2910
ստել 1632
ստեպղին 448
ստիպել 1049
ստորագրութիւն 2640
ստորակէտ 591
ստուգել 499
ստուեր 2577
սրածայր 2179
սրահ 1242
սրբազան 2484
սրբել 3284
սրընթաց 2344
սրճագոյն 360
սրուակ 1018
սրունք 1611
սրսկել 2770
սրսկում 1441
սփռոց 2903

Վ

վագր 2998
վագրաձի 3331
վազել 2475
վազք 1492
վախկոտ 651
վախնալ 968
վախցնել 1074, 2519
վահան 2598
վահանակ 732
վաղենիկ 1736
վաղը 3018
վաճառասեղան 641
վաճառատուն 2832
վայելուչ 1257
վայր 2137, 2523
վայրաշարժ 1678
վայրէջք կատարել 1567
վայրի 3268
վայրի բողկ 1379
վայրկեան 1802, 1822
վանդակ 404
վառարան 1092
վառեակ 508
վառել 1638, 2897
վառելանիւթ 1083, 1110
վառելանիւթի բաշխիչ 1112
վառելանիւթի կայան 1113
վառելանիւթի ոտնակ 1111
վառիլ 44
վատնել 3207
վար 3124
վար դնել 1349
վար իյնալ 947
վար իջնել 1130, 1158
վարագոյր 705
վարազ 295
վարազօձ 2304
վարակ 1436
վարակիչ 1437
վարակում 1436
վարգել 3078
վարդ 2456
վարդագոյն 2127, 2458
վարել 831, 2810
վարժութիւն 2222
վարձակարգ 2940

վարձել 2398
վարորդ 2121
վարունգ 694
վարունգի թթու 2105
վարսայարդար 1239
վեր ելլել 1131, 1160
վերագտնել 2375
վերադառնալ 2409
վերադարձնել 352, 1146, 2409, 2913
վերածալք 1037
վերածուիլ 212
վերարկու 566, 1976
վերացատկել 320
վերելակ 886
վերեւ 3, վերմակ 2319
վերնամաս 3028
վերնաշապիկ 2279
վերջակէտ 2087
վերջաւորութիւն 894
վերջերս 2370
վերջին 1579
վերցնել 1297, 1636, 2103, 2298, 2397, 2914
վեց 2654
վեցանկիւն 1322
վեցերորդ 2655
վզակապ 1603, 2521
վզնոց 1885, 2521
վէրք 1442, 3307
վիզ 1884
վիթխարի 899, 1396
վիճաբանիլ 94, 2308
վիճարկել 781
վիշապ 813
վիշապակ 814
վիրաբոյժ 2878
վիրակապ 163, 2686
վկայական 479
վկայագիր 479
վհուկ 3288
վճարագիր 502
վճարել 2053
վճարովի 2054
վճռել 1496
վնասուիլ 724
վնասաբեր միջատ 2090
վնասել 1270
վնգվնգալ 3253
վստահ 478, 2876
վստահաբար 2876
վստահիլ 3089
վտակ 356
վտանգ 729, 2434
վրայ ցատկել 1502
վրայէն իյնալ 948
վրան 2960
վրան խնդալ 1815
վրձին 1999

տ

տաբատ 2015, 3080
տալ 1145
տախտակ 296, 1704, 2144, 2171
տախտակամած 1029
տախտակի վրայ աշխատանք 3297
տակ 232, 3124
տակառ 179
տաղանդ 2919
տանիլ 2912
տանիք 2451
տանձ 2061
տանտէր 1569
տաշելիք 2587
տաշեղ 517, 2762
տաշիչ 2142
տաշտ 3092
տապալիլ 3030
տապակ 1082, 2007
տապկել 1081
տառ 1622
տառեխ 1320
տասը 2957
տասներորդ 2961
տատամսիլ 1321
տատիկ 1182
տարազ 634
տարածել 2771
տարածուիլ 2380
տարակարծիք 777
տարբեր 765
տարբերութիւն 764
տարեդարձ 254
տարի 3323
տարիք 30
տարմահիւ 1757, 2797
տարրալուծարան 1551
տարօրինակ 137, 1089, 2840, 3236
տաւիղ 1273
տափակ 1019
տափակ աման 2007
տափակ կարկանդակ 2008
տափակ յատակով նաւ 173
տափակցնել 1020
տաք 1383, 3197
տաքնալ 3198
տաքութիւն 980
տաքցնել 1295
տաքցնելիք աման 1516
տգեղ 3121
տեղաւորել 1594, 2025
տեղեկացնել 1438
տեղի տալ 1147, 3328
տեսակ 1528
տեսակէտ 3157
տեսանելի 3165
տեսնել 2556
տեսարան 2524, 3157
տեսուչ 2243
տերեւ 1599
տեւել 1580
տզտզալ 3253
տէգ 731
տէր ըլլալ 1982
տժգոյն 2004
տիեզերագնաց 633
տիեզերանաւ 2738
տիկին 1556
տիպար 489
տիրապետել 1746
տիւան 637
տիփ 2516
տխմար 1420, 2643
տխուր 2485
տկար 3221
տձեւ 1215
տղայ 327
տնակ 1514, 1680
տնային աշխատանք 1356
տնաշար 281
տնկել 2146
տնօրէն 2243
տոկուն 3037
տողանցք 2019
տոմսակ 2993
տոպրակ 147, 2483
տուգանք 991
տուն 1355, 1389
տունկ 2145
տունկ-ցանկապատ 1300
տուրմ 520
տուփ 325
տուփ բանալիք 418
տպագրել 2245
տրամաբանական 2366
տրամաբանել 2365
տրամագիծ 757
տրամադրութիւն 1830, 1831
տրորել 2477
տրցակ 1988
տօնավաճառ 941
տօնել 468

ց

ցախսարիկ 3311
ցած 1698
ցամաք 1566
ցամաքամաս 617
ցայտալոյս 1016
ցայտաղբիւր 1062
ցայտացրիւ 2761
ցայտեցնել 2784
ցայտք 1487
ցան 1067
ցանել 2737, 2775
ցանկ 1662
ցանկապատ 975
ցանկապատի դուռ 1114
ցանցագնդակ 3171
ցանցաթել դահճոյկ 2714
ցատկախաղ 1371
ցատկել 320, 1501, 2665
ցատկող 1503
ցատկոտել 1368
ցաւ 1995
ցաւէն ցնցուիլ եւ ընկրկիլ 3273
ցաւիլ 11, 1406, 2729, 2731, 2819
ցաւցնել 1270
ցեխ 775, 1854
ցից 2753, 2789
ցնցել 2579

ցնցող 3211
ցնցում 2608
ցպիկ 3191
ցոլացում 2383
ցոյց տալ 2623
ցորեն 3246
ցուլ 371, 375
ցուպ 424
ցուրտ 512
ցուցագիծ 1187
ցուցակ 458
ցուցասրահ 1096
ցուցափեղկ 2615
ցուցմունք 1450
ցօղ 756
ցօղուել 2428
ցօղուն 2811

փ

փաթթել 3308
փաթթուիլ 890
փաթիլ 1012
փալփլիլ 3115
փալփլուն 2603
փախուստի սանդուխ
999
փախչիլ 908, 1023,
2476
փախցնել 1521
փականք 1992
փակցնել 2041, 2111,
2931
փամփուշտ 377
փայլեցնել 2187
փայլիլ 2600
փայտադաշնակ 3319
փայտածուխ 490
փայտիկ 526, 2816
փանտա 2009
փապուղի 3098
փառահեղ 1714
փառատօն 979
փասիան 2098
փաստ 2260
փաստել 2267
փարթամ 1171
փարոս 1641
փարքա 2026
փափալա 2016
փափուկ 2720
փեթակ 218, 1340
փեղկ 2632
փետուր 809
փետուրէ գրիչ 2317
փետտել 2163
փերթ 2094
փերուզագոյն 3107
փեսայ 346, 1211
փէշ 2667
փթթիլ 286
փիղ 885
փլասթիկ 2149
փղոսկր 3110
փնտռել 2548
փշաթել 169
փշածածկ 2238
փշածառ 403
փշահաղարջ 1170
փշտիկ 2122
փշրանք 685
փշրել 2588, 2699
փոնգտալ 2710
փսխել 3173
փսփսալ 3258
փտիլ 2459
փրթիլ 588
փրկել 2404
փրկութեան նաւակ
1635
փրցնել 2948
փրփուր 1039, 1583
փչել 290, 2275
փոթորիկ 2834, 2990
փոխ առնել 313
փոխ տալ 1615, 1674
փոխադրակառք 3058
փոխադրել 3057
փոխադրելի բեռ 442
փոխանակել 284, 2886,
2897, 3046
փոխանցել 2034
փոխանցիկ 1437
փոխանցիչ 2164
փոխարէն 1449
փոխարինել 2401
փոխարկիչ 2896
փոխել 486
փոկ 2546
փող 3085
փողկապ 2996
փողոց 2847
փողոցի լոյս 2848
փողց 2342
փոշի 855, 2221
փոս 792
փորել 766
փորձ 926
փորձարկում 926
փորձել 2389, 2963,
3091
փուլ գալ 338
փունջ 382
փուշ 2318, 2979
փուչիկ 158
փուտ 149, 151, 1524,
1974, 2836
փոքր աշտարակ 3108
փոքր գրատախտակ
2676
փոքր տղայ 1519

ք

քալել 1733, 3186
քալող 2070
քակել 2911
քաղաք 534
քաղաքապետ 1754
քաղաքավար 1728,
2188
քաղցր 2891
քաղցրահիւթ 2901
քամել 3313
քայլափոխ 1047
քայքայուիլ 338
քանակ 2307
քանդակ 2802
քանդակագործ 2542
քանդել 753
քանկուրու 1512
քաշել 1206, 2277, 3095
քաշելով երկնցնել 2849
քաշելով տանիլ 3038
քաշկռտել 812, 1279
քաշող մեքենայ 3045
քաշուիլ 839
քաջ 335
քաջութիւն 645
քառասմբակ արշաւել
1097
քառակուսի 2778
քառորդ 2310
քառուղի 1453
քար 2826
քարածայռ 543
քարահանք 2309
քարայր 466
քարափ 2153, 2311
քարիւղ 1942
քարիւղատար նաւ 2928
քարշ տալ 812
քարտէս 1730
քացախ 3161
քեռի 3123
քերել 142, 1469
քերթիչ 2536
քերոց 1190
քերուըտուք 1468
քերուըտիլ 1469, 1470
քթթել 3282
քիթ 1923
քիլոկրամ 1525
քիլոմեթր 1526
քիոսք 1539
քիչ 981
քիչ մը կենալ 2050
քղանցք 1310
քնանալ 111, 2678
քնանալու տոպրակ
2679
քնատ 840, 2680
քննել 916, 1447
քննիչ 1448
քշուիլ 825
քոթոթ 691
քոյր 2652
քով 238
քուէարկել 3174
քուէարկող 3175
քսակ 2215
քսուկ 1943
քրտնաշապիկ 2889
քրտնիլ 2888
քրոմ 527
քրքմածաղիկ 673
քրքջալ 1138
քօղ 3147

օ

օգնել 1308
օգնութիւն 34
օգոստոս 126

օգտակար 3139
օդ 36, 3225
օդախից 38
օդակազ 1109
օդակայան 40
օդանաւ 39
օդանաւի կառատուն 1262
օդաչու 2121

օդապարիկ 159
օդասահ 1390
օդով լեցուած անկողին 37
օթեկ 2790
օթոց 637
օձանելիք 664, 1691, 1943
օնցա 1970

օշարակ 1614
օձ 2707
օձամուկ 875
օձիք 576
օճառ 2715
օճառ ջուր 786
օր 735
օրագիր 761
օրաթերթ 720, 1904

օրացոյց 407
օրէնք 1591, 2472
օրինակ 917
օրինէրզ 1411
օրրան 656
օրոր 1703
օրօրել 2443
օրօրոց 2894
օրօրուիլ 2895